人生に
愛と奇跡を
もたらす

神様の
覗《のぞ》き穴《あな》

ノートルダム清心女子大学
名誉教授
保江邦夫 著

はじめに

神様と共感するための、スピリチュアル・ゲート

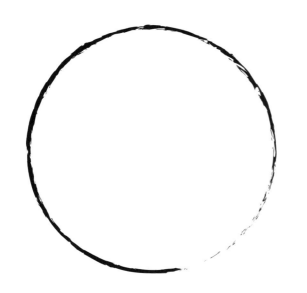

◎願いをかなえる、たったひとつの気づき

あなたは、「本当の自分」を知っていますか?

このようなことを聞かれ、少し驚いたかもしれませんね。

しかし、あらためて考えると、「本当の自分」とはいったいどんな存在であるか、不確かなまま生きている人が多いのです。その不確かさゆえに、いったい自分がこの世界で何を求め、何を信じて生きていきたいのかわからなくなっている人もたくさんいます。

人としゃべっていても、「本当はそうじゃないのに」という気持ちを引きずりながら、何となくあいづちを打ってしまっている。

同じような毎日をくり返し、ただやり場のない閉塞感だけが募っていく。最後に笑ったのは、いつだったった?

こんな思いを抱えていながらもその理由がわからないのは、「本当の自分」を知らないからなのです。

「本当の自分」にはすごいパワーがあります。願望を実現したり、目の前にある問題を解決したりできるのは「本当の自分」だけなのです。

未知なるそのパワー、使いこなしたくはありませんか？

じゃあ、カウンセラーに聞いてみるか、それとも占い師に「あなたはこんな人間」と指摘してもらうか。ときにはそれもいいかもしれません。

でも、たったひとつの気づきで**「本当の自分」を知ることができ、この世界での生きづらさを解消して、「奇跡」と「愛」にあふれた人生を送れるようになる**、と言ったらどうですか？

その気づきが、この本でお伝えする「**神様の覗《のぞ》き穴《あな》**」なのです。

「神様の覗き穴」とは、あなたが「本当の自分」を理解し、その存在が何事も成し遂げることができると実感するためのスピリチュアル・ゲートのことです。

◎神様と「共感」するためのスピリチュアル・ゲート

「神様の覗き穴？　そんなもの知らないなあ」という方でも、実は知らず知らずのうちに

「神様の覗き穴」を覗いています。

「幸せ」だという気持ちになっているとき、または「愛」を感じているとき、あなたは「神様の覗き穴」を通して神様に触れているのです。

では、私たちが感じる「愛」とはどういうものなのでしょうか。

私たち人間は、「愛」を感じることで暗闇の底から立ち上がり、どうしても踏み出すことができなかった一歩を前に進めることができます。難病を克服し、絶体絶命の危機的状況から生還した人々の多くが「愛」に救われたと感じているのはそのせいです。

実は、これまで科学や宗教でさえ明らかにできなかった「愛」の正体が、ようやくはっきりしてきたのです。

この世界のあらゆるところに「神様の覗き穴」があり、それを通して「神様」と一体になることができたとき、私たちは「愛」を感じることができるのです。

そして、神様の「愛」に触れているその瞬間、あなたは「本当の自分」を取り戻しています。

そんな真実にずっと気づけないでいた私たち人間は、動物としての繁殖本能を愛だと、施しをすることが愛だと、関心を寄せることが愛だと、自分を捧げることが愛だと、自分を大切にすることが愛だと、誤解し続けてきました。

そんな愛など、本当の「愛」ではありません。自分を中心に置いた世界認識の中で特別視されてきた自分自身の行為を正当化するために生まれた、単なる自己英雄化の感情にすぎないのです。

そのようなエセ愛にいくら浸ったところで私たちの心が満たされることはなく、たとえば人間関係なら、互いに感情に走って悲しい結末を生むことにしかなりません。与えても、そして求めても決して満たされることのないものは「愛」ではないのです。

そもそも「愛」は、与えるものでも、求めるものでも、与えられるものでもなく、ただ「神様の覗き穴」を通して「神様」に触れたときに得られる「**共感**」なのですから。

では、「愛」に満ちあふれた「幸せ」な毎日を送るためには、いったいどうすればよいのでしょうか？

答えは簡単です。**この世界の中のいたるところにある「神様の覗き穴」にアクセスし、「神様」に触れることができればよい**のです。

◎「神様の覗き穴」の向こうにある世界

「神様の覗き穴」が何かのときに不思議な形で目に見えるようになることもあるようです。

たとえば、何十人もの死にゆく身寄りのない人たちを看取《みと》ったある女性は、50人目くらいのときから、まさに今、死にゆこうとしている人の目を見つめているとき、その人と自分との間の空間のいたるところに、無数の「神様の覗き穴」が見えたそうです。

それらの「神様の覗き穴」は、亡くなる瞬間までは、小さく漢字の「愛」という文字に見え、亡くなってからは金色の光の点に見えた、と教えてくれました。

もちろん、それ以外の印象を受ける場合もあるでしょうし、たとえ見えていたとしても、この世界の中でよく見かける何かの陰にうまく隠されていて、まったく気づかないこともあるでしょう。

だからこそこの本で、**「神様の覗き穴」とはどういうものであるかをきちんと理解し、さらに、覗き穴の向こうにある神の世界に触れるためのメソッドを知っていただきたい**と思っています。

実践していただくだけで、この世界のいたるところにある「神様の覗き穴」の存在を感じ取り、そこからあなたを見守ってくださっている神様と「共感」できるようになります。

あなたは、この世界で簡単に願いをかなえることができるようになるのです。

この本は、「幸せ」から突き放されていると思い込んできたあなたに、真実の「愛」の存在を知っていただき、「本当のあなた」が本来持っているパワーを、どうすれば最大限に発揮して生きていけるか、をお伝えするために用意されました。

ゆっくりと楽しみながら読み進めていただければ、この世界のいたるところに「神様の覗き穴」があるという真実を実感していただけます。

そうなれば、もう「愛」を感じはじめたも同然です。あなたの心には、いつも「愛」とともに生きていけるという確信が生まれ、「幸せ」という純粋な気持ちがよみがえってくることでしょう。

そのときあなたは、「神様の覗き穴」をとおして神様と共感し、世界中の人々に向かって「愛」の輝きを放ち続けることができるのです。

さあ、自信を持って昇りつめようではありませんか。真白き「聖天使」の高みにまで！

人生に愛と奇跡をもたらす　神様の覗《のぞ》き穴《あな》●もくじ

第2章 あなたの中の神を覚醒させる方法

第3章 覗き穴の向こうにいる神

第4章　物理学者が証明する「神様の覗き穴」

装丁・本文デザイン　堀江侑司
イラスト　土屋和泉
編集　有園智美
編集協力　フェデラルビューロー　後藤和枝

第1章

この世には「神様の覗き穴」がある

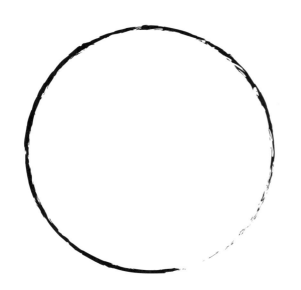

人生を180度変える「神様の覗き穴」

「神様の覗き穴」、聞きなれない言葉だと思います。

これは、僕が長年研究してきた物理学理論と、僕自身が「本当の自分」と出逢った経緯、さらに多くの学者や賢人とのご縁とが重なって気づくことができた、この世界を別の視点から見ることができる唯一のツール、スピリチュアル・ゲートのことです。

実は、**この宇宙のいたるところには神様の作った穴があるのです。**空間、生き物、物質、微細な分子レベルにまで、すべてに穴は存在しています。

それは、ちょうど、スポンジやビールの泡のように、無数の穴が折り重なり、さらに隣り合わせに並んだりしているような形状をしています。穴の大きさはさまざまです。

この穴の集まりが、僕たちが生きていると信じる「この世」です。そして、**その穴と穴をつなげている部分が、「あの世（神様の世界）」**です。

神様はその穴を使って、この宇宙のあらゆる現象を見ています。人間同士の関わり合い、

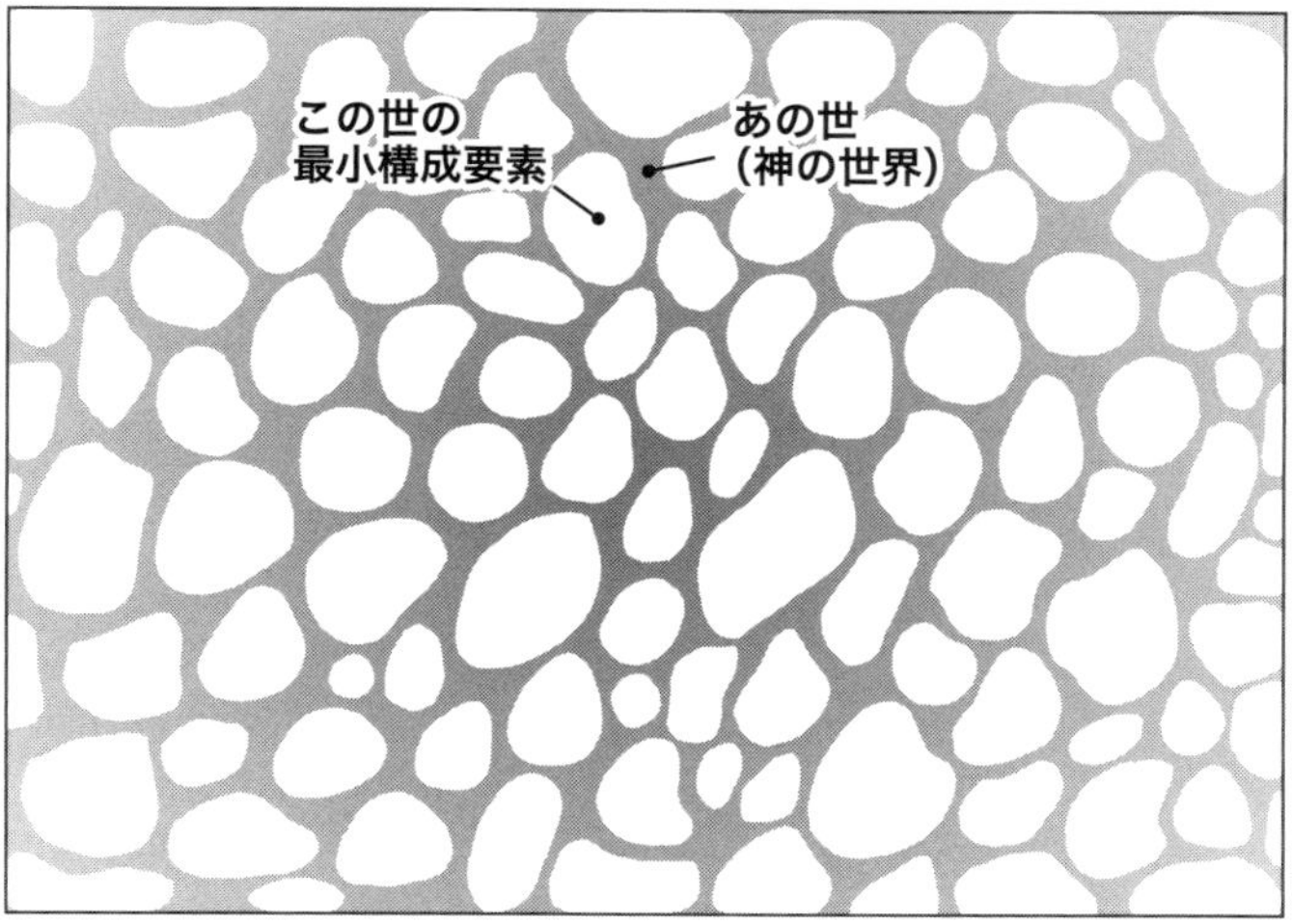

自然、天体の動き、生命の誕生と死など、それこそこの宇宙で起こるすべての現象、さらには過去や未来も含めた時の流れも、覗き穴を通して全部見ています。

そして、重要なことは、**僕たち人間もその穴を使っている**、ということなのです。

こうお伝えすると宗教っぽさを感じるかもしれませんが、これは物理学者たちにより証明されている科学的な事実です。

今のあなたには、目の前にある世界、これこそが真の世界のように見えていることでしょう。

ところが、それは思い込みです。僕たちは生まれ落ちてから、この思い込みにより苦しめられてきたのです。なぜ、そんな思い込みが生まれるのか。それは、多くの人が**生涯たったひとつの穴だけを覗き続けてしまっているから**なのです。

先ほど、穴はこの宇宙のいたるところに――、とお伝えしましたが、神様はその穴すべてを使いこなしながら、この宇宙を見ています。本当は私たち人間も神様と同様に、自分が覗いている穴を自由自在に変えて、人や物、自然や社会といったあらゆる対象をさまざまな視点から俯瞰《ふかん》することができるのです。

ところが、人として成長していくうちに、それを忘れてしまっているのです。

この事実に気がつくと、**今、あなたが「自分自身だ」と認識しているその姿さえも、あくまで「自我」をまとった仮の姿である、**と知ることができます。他の覗き穴から覗けば、その姿もまったく別物です。変わらないのは「本当のあなた」だけなのです。

それはまるで、俳優（本当の自分）が、映画（この世界）で、役（仮の姿）を演じるのと同じようなものなのです。

あなたは、「自我」の仮面をかぶって「あなた」という仮の姿を演じているだけ。

人生がうまくいかないように感じられるとしても、「あなた」を演じていた「本当の自分」には、その悩みはまったく無縁の話なのです。

この本を読み進めていただくことで、あなたは真実に気づく、いえ、真実を思い出すことができます。

「本当の自分」を取り戻したあなたは、人生の苦痛やいらだちから解放され、ストレスもなくなり、毎日が輝きだすことでしょう。それだけでなく、愛と奇跡の織りなす物語に彩られるようになります。

そして、あなたはこの宇宙の真実に気づくことになるのです。この宇宙の真実、それは誰もが神様であるということです。唐突に感じられるかもしれませんが、この本を最後まで読んでいただければ、おのずとたどりつくことのできる結論です。

あなたは生まれたときから、神様だった。

厚く堅いその仮面を脱ぎ捨てたあなたは、この世界のいたるところに「神様の覗き穴」が存在していることに気づくでしょう。そして、神様であるあなたは、自由にそれを覗き込むことができるのです。

覗き穴の思い出

どうですか？　私たちはこの世界を「神様の覗き穴」をとおして見ているだけだった、と知っただけで、すでにあなたの心は軽くなってきているのではないでしょうか。

僕がこの真理を知るまでにはたくさんの出逢いとご縁があり、本書ではその経緯についても詳しくご紹介しますが、思い返せば、幼少のころすでに「神様の覗き穴」に通じる経験を経ていました。

その経験は、「本当の自分」は「神様の覗き穴」を覗いているだけ、という事実と酷似しています。この思い出は、僕に「神様の覗き穴」の存在を気づかせてくれるきっかけになった、と言えるのです。

子どものころの僕は、覗き穴からその向こう側を覗き見るのがとても好きでした。というとおかしな子どもだったように聞こえますが、大人になってからそれほど多くない友人や知人に聞いてみると、彼らもまた、やはり鍵穴などの覗き穴的なものをよく覗いていたと答えてくれます。覗き穴とは、それほど人間の好奇心をくすぐるものなのです。

子どものころに覗いていた覗き穴は、たいていの場合、ドアや窓枠に開けられていた鍵穴でした。僕の実家は古い日本建築でしたが、玄関の隣に洋館風の部屋が設けられていて、そこが僕の自室となっていたのです。

窓は細かい凹凸のあるすりガラスだったため、そのままでは外の様子を見ることができず、やむなく窓枠にあった鍵穴を覗いて、家に面する道路を行き来する人たちの様子を眺めていました。また、父親に来客があったときなどは、廊下を歩いて座敷から出てくる来客の姿を自室のドアの鍵穴から覗いて観察し、想像を広げていました。

玄関の方向に消えていった来客の姿は、次には玄関の外から門の間にある庭の方向を覗くことができる窓枠の鍵穴から覗き見ることができました。

そんなわけで、自室に閉じこもっているときの僕は、学校の教科書を読んで勉強するために机に向かうなどといったこととは無縁で、ドアの鍵穴から家の中の様子を覗き見たり、東側と南側の2ヶ所にあった窓の鍵穴から家の外の様子を覗き見たりするために、室内をそれこそ檻の中のクマのように行ったり来たりしていたのです。

しかし、どうせ自室の外の様子を見るのなら、いっそドアや窓を開けてしまえばよいのにとお考えの方も少なくはないでしょう。

子どものころの僕は人と会うのがいやだったため、自室にこもる時間が多かったわけですから、ドアや窓を開け放つということはあり得ませんでした。開いた窓から不意に誰かが声をかけてくるなどということは、絶対に阻止しなくてはならなかったのです。

それに、開いた窓から外の様子を眺めていたのでは、僕が見ているという事実を相手に認識されてしまいます。それもまた、人から見られることを極度に気にしていた僕にとって、絶対に避けなくてはならないことでした。

ところが、ドアや窓枠の鍵穴から覗き見るかぎりは、外の人たちから悟られる心配はありません。僕自身の存在を完全に隠したまま、外の様子を安心して眺めていられる。それこそが、覗きの醍醐味なのです。

そもそも、覗きというものは、見られる側には自分というものを完全に隠したまま、つまり見られている人たちからの視線を絶対に浴びる心配がない平安な状況で、その人たちの振る舞いを監視することができるところがポイントなのです。

現代では、街中の様子を24時間３６５日記録する監視カメラがあちこちに設置されていますが、そのほとんどは映されている側の通行人たちからはっきりとわかる場所にありますし、そのことが明示されている場合も少なくありません。覗き見ている、ということを知らせることで、人々が違法な行動に出ないように抑止する効果をねらっているわけです。

つまり、覗き見されていることを認識していれば、見られている側は人目を意識した言動になります。

幼い僕にとって、それでは覗き見る意味がありませんでした。ありのままの様子を眺めるためには、たとえば鍵穴のように、覗き見されていることがわからない覗き穴を用いる必要があるのです。

犯人が人質を取って屋内に立てこもる事件が起きた場合、警察が最初にするのは立てこもっている犯人にはさとられないようにして、建物の中の様子を覗き見ることです。

そのために利用されるのが、自在に変形する細いケーブルの先端に、ごく小さな電子カメラが取り付けられている装置です。その装置を換気扇や空調機の隙間などから差し込み、中の様子を確認します。

犯人には気づかれず、警察は人質が置かれた状況、犯人の顔や人数、さらにはナイフや拳銃などの装備についてまで、正確に把握することができます。そうすることで、人質を安全に救出し、犯人を逃さず逮捕するための作戦を練ることができるようになる、というわけです。

いささか極端な例をあげてしまいましたが、ともかく子どものころの僕は、こうして覗き穴から世の中のちっぽけな断面を覗き見ることで、かろうじてこの世というものと正直に向かい合っていけたのだと思います。

僕という人間の皮を被ったものが自分の部屋のドアを開け、外の世界（そう、家の中ですら自室以外は僕にとって外の世界でした）に出るときには、僕はこの世の中に対して自分自身をさらけ出すことは絶対にしなかったのです。

「本当の僕」は、僕の奥底に常に隠れていて、ひとりの真っ当な人間としての言動ができるように指示を出していました。僕は、真の意味では、この世に対して正直に向かい合ってはいなかったわけです。

奥底に隠れていた「本当の僕」が解放されて表面に出てくるのは、唯一、自室にひとりでこもったときだったのですが、「本当の僕」のままで見ることができたこの世というものは、したがって鍵穴という覗き穴をとおして垣間《かいま》見たものだけでした。

「神様の覗き穴」との最初の出逢い

小学校から中学校に進んだ春、それまで自室のドアや窓枠の鍵穴を覗き穴としてこの世界を垣間見ていた「本当の僕」は、ある夜更けに不思議な衝動に駆られます。

それは、世の中の人たちが寝静まった深夜に窓を開け放ち、はじめて「本当の僕」のままで外に出てみる、ということでした。

窓の外には昔ながらの土塀に囲まれた家の庭が広がっていて、小さいころからその庭の中を歩き回ってはいたのですが、もちろんその僕は「本当の僕」ではなく、僕という人間の皮を被った僕でしかなかったのです。それまで、「本当の僕」のままで自室から出たことがないだけでなく、そうしようなどと思ったことすらありませんでした。

それが、その夜になってはじめて、僕という人間の皮を被らずに、「本当の僕」のままで自室の外に広がる庭に出てみたい、という内なる衝動に駆られてしまったのです。

おそるおそる窓から出て行った「本当の僕」を迎えてくれたのは、かぐわしい春の息吹をまとった木々の枝葉を濡らす夜露の輝き、塀の外の世界からただよってくる妖しい乳白色の夜霧が渦巻く中にひっそりとたたずむ草木の数々。

さらに、素足に触れる土や苔《こけ》の感触、手や指に触れる木の幹や枝の表皮から発せられていた生命感、「本当の僕」はそれらすべてをただただ美しく感じ、今この瞬間にそれらとともにこの世にあることのできる幸せに涙していたのでした。

実は、僕は小さいころから（現在もそうですが）草や木、虫や動物が大嫌いで、庭で遊ぶことなどほとんどありませんでした。毛虫やアリが木の枝をはっているのを見ただけで、ゾッとして逃げ出してしまうのが常でした。

それが、その夜は、すぐ側の葉の裏に毛虫がうごめいていることに気づいても、まるで友だちのように愛おしく思えるだけで、戦慄が走るようなことはありませんでした。むしろ、こんなにすばらしいものがこの世界に存在しているということに感動し、その毛虫の様子を間近に眺めながら、気持ちをつなごうとまでしていたのです。

「本当の僕」のままでこの世界のすべてを満喫するということが、これほどまでに美しい印象を与えてくれることに気づくことができた僕は、そのときからそれまでの僕と決別する決心をしました。自室を出るときにはあいかわらず僕という人間の皮を被っていましたが、考え方を１８０度転換させたのです。

それまでの僕は、自分という皮を自分自身と思い込んでしまっていたために、世界というものの中でさまざまなものに直接翻弄《ほんろう》され続け、嫌な思いを募らせてしまっていました。

そこで、こう考えることにしたのです。

「この『僕という人間の皮』も自室の壁と同じで、実はこの世界から『本当の僕』を完全に隔離してくれる変形自在の防護服のようなものだ。

その防護服の中に安全に隠れている『本当の僕』は、人間の皮に開けられた覗き穴からこの世界の様子を垣間見ているにすぎない。その覗き穴というのは、たとえば、この僕の眼の部分に開けられている」

まさにこれが、「神様の覗き穴」に気がついた瞬間だったのでしょう。もちろん、この時点では子どもでしたので、それが「神様の覗き穴」なんだ、とは知りませんでしたが、この夜の経験がすべての気づきの原点です。

自室のドアや窓枠に開けられた鍵穴を覗き穴にしている限りは、この世界の中の限られたわずかの部分しか見ることができませんでしたが、人間の皮でできた防護服に開けられた覗き穴であれば、中に隠れている「本当の僕」が望むところを覗き穴から見ることができるようになりました。

もちろん、あの夜に「本当の僕」が防護服も着ずに自室を出て、この世界のものに直接触れることができたすばらしい体験とは比べようもありませんが、それでも鍵穴からしか見ることのできなかった世界が、ずいぶん広がりを持つようになりました。

こうして、そのときからの僕は人間の皮を被った僕そのものではなく、目の前にある覗き穴からこの世界の美しさを見つけるたびに、心躍らせる「本当の僕」に近づいていったのです。

特にきれいだと思えたのは、雨の日に窓を開け放った自室の中から眺め続けていた、空の上から連なって落ちてくる雨粒の輝きと、冬の晴れた夜空に輝く満天の星々でした。

なぜ雨粒と星々に引かれるのか、これはずっと僕の心に残り続ける疑問でしたが、数年前にやっとわかりかけたのは、そのどちらもがこの世界を包むように広がる「空間」という不思議な存在を際だたせてくれているということでした。

雨粒や星々が見えるからこそ、それらを存在させてくれている「空間」という見えないものに思いを馳《は》せることができます。それに、雨粒や星々の輝きがまるでこの世界に開けられた覗き穴であるかのようにも思えました。

ひょっとしたらあのキラリと光る無数の輝きの向こう側に、「本当の僕」のような誰かがいて、この世の美しさを覗き見ているかもしれない！　そう考えると、とても安らかな気持ちになれました。たくさんの友だちがいつも見守ってくれているかのように……。

ニュートンが見つけた「神様の覗き穴」

中学生になったころの僕は、晴れた日の夜は屋根の上から、満天に輝く星々をよく眺めていました。

真冬の夜空を見上げ、オリオン座や昴《すばる》などの美しい輝きに感動するだけでなく、そのきらめく星々のそれぞれに生命の躍動を感じていた僕は、いつしかそれがその星に生きる宇宙人に思いを馳せているのだと思い込んでいくようになります。

フランスの詩人アルチュール・ランボーは、「人間が星々の光に引かれるのはその光の向こうに別の生命があることを感じ取っているからだ」という言葉を遺《のこ》しているそうです。

そんな文句を知る由もなかった中学生の僕が宇宙人の発想をしたのも、そう無理のあることではなかったといえるのではないでしょうか。

宇宙人や宇宙についての興味を膨らませていった僕は、高校生になるとそのような話を聞く機会を求めて、物理部というクラブに所属し、そのころアメリカが打ち上げていた2人乗り有人宇宙船『ジェミニ』の実物大模型を作ったり、夜な夜な天体観測と称して望遠鏡を覗き込んだりしていました。

高校は岡山県内有数の進学校でしたので、授業の内容は大学受験対策に偏ったものではありましたが、太陽の周りを公転運動する惑星の話からはじまって、物体の運動法則と万有引力の法則の両方を発見したイギリスの物理学者アイザック・ニュートンが出てくる物理学の講義では、この世の美しさを数式によって表すことに感動した記憶があります。

普通の人間なら、きらめく星々が織りなす天上の美しさに感動するところで終わるのでしょうが、それに加えてニュートンは、この宇宙の中には数式をとおしてしか見ることのできない美しさも秘められている、という真実までも明らかにしました。やはり偉大な学者だったといえます。

ニュートンは、枝から落ちていくリンゴの運動など、地上で見られる日常的な物体の運動を数式で表しました。さらにそれだけではなく、惑星や衛星の運行として天上でくり広げられる宇宙規模の天体の運動にいたるまで、そのすべてをわずか2つの数式のみで描き出すことに成功したのです。

そして1687年、彼はその発見を、全3巻からなる大著『自然哲学の数学的諸原理』（通常は「諸原理」というラテン語の部分のみを強調して『プリンキピア』と呼ばれる。以下、本書では『プリンキピア』と記す）の中で公表しました。

2つの数式のそれぞれは、今では『ニュートンの運動法則』及び『ニュートンの万有引力の法則』と呼ばれ、誰もが知るところとなりました。宇宙のあらゆる物体の運動をこの2つの数式だけで解明することができるのです。

ニュートンは『プリンキピア』全3巻のうちの最初の2巻を費やして、これでもかというほど、この驚くべき事実を丁寧に説いていきます。

それまで一般的には、この宇宙で展開される自然現象すべては、その背後で神様が秩序正しくなるように制御してくださっている、と考えられてきました。ところがニュートンは、その考えを数式で描き出したのです。そのため、「ニュートンの理論により、神様は宇宙の外に追い出されてしまった」と語り継がれることも少なくありませんでした。

特に唯物論的な考え方しかできない無神論者たちは、『プリンキピア』を振りかざし、まるで鬼の首でも取ったかのように、キリスト教の考えを否定する動きを強めていくようになります。

しかし、ニュートンは最後の3巻目において、このような近視眼的主張の愚かさに警鐘を鳴らすことを忘れてはいませんでした。いえ、それどころか『ニュートンの運動法則』と『ニュートンの万有引力の法則』だけでは、この宇宙のすべての秩序を説明することができない、とまで、はっきりと記しているのです。

彼が「説明できないこと」の筆頭にあげているのが、私たち人間が持つ「自由意志」でした。そう、キリスト教において「神様が人間に与えてくださった力」として考えられてきた、自由な意志決定の発動である自由意志です。

具体的に説明するとこういうことです。『プリンキピア』の1巻と2巻において論じた数学的な原理を、物体としての人間の身体組織にあてはめた途端、「人間は自由意志など持てない」という結論を得てしまうのです。

つまり、すべての物体の運動が『ニュートンの運動法則』と『ニュートンの万有引力の法則』によって完全に決定されてしまっていることの延長として、**人間の行動も自由意志によるものではなく、宇宙開闢《かいびゃく》以来、未来永劫にいたるまで、実はすでに決まったものでし**

かないということです。

この結論を受け入れられる人が、いったい何人いるというのでしょうか。下手をすれば、この結論は運動法則の信ぴょう性を揺るがしかねません。

そのような結論にいたることは避けられないことを先読みしていたニュートンは、神様より与えられた自由意志が実際に存在する、という明確な経験的事実を説明するために、こういった説明を持ち出しました。

「私たち人間はあたかも自由な意志決定により物体の運動を変化させていると思い込んでいるが、実はそれらはすべて宇宙のあらゆるところに及んでいる神の力によるものである」と。そして、そのことを象徴的に「**この宇宙にはいたるところに神様の覗き穴がある**」と表現したのです。

神様は絶えずそれらの覗き穴から、この宇宙の中に繰り広げられるすべての物体の運動を眺めていて、もしその運動が人間の関与によって左右される状況になったときには、その運動が人間の自由意志による決定に沿う形となるように操ってくださっているというのです。

これが、ニュートンが見たこの世の美しさの背後に潜んでいた神様のからくりに他なりません。

近代科学の生みの親とも目されているアイザック・ニュートンが、神の力と我々の自由意志の関連性をこのように公表していたのですから、これは大きな驚きです。

ですが、このことはご存じない方が多いのではないかと思います。大学で天文学を学び大学院では理論物理学を専攻した僕でさえ、ニュートンの偉大な業績の詳細や時代を変えた大著『プリンキピア』に記述されていた緻密な数学的論考の内容については学んでいても、その『プリンキピア』の3巻目で神について記述されているなどとはついぞ知りませんでした。

おそらく、その後の世界中の物理学者たちの主流派が唯物論と無神論に傾いていったために、自分たちにとって都合の悪い第3巻にはいっさい言及しないことで、完全に抹消してしまっていたのではないでしょうか。

ところが、都合の悪いものを隠してしまったために、物理学においては現在にいたるまで、「人間は自由意志を持てない」と結論づけることしかできていません。

おかげで、物理学者と呼ばれる人々が実験装置を使い、あらゆる物理現象を研究しても、

【この世の秩序の背後にある、神様のからくりを見出して驚く中世の求道士】

そこで出た結果を「真実である」と言えなくなりました。

なぜなら、自由意志を持てない人間には、その装置の初期条件を意図的に設定することさえ原理的には不可能だ、と言わざるを得ないからです。

これが現代科学の基礎を与えている物理学の喉元に刺さった小骨といわれる「自由意志問題」となっていくのです。すべては、ニュートンの「神様の覗き穴」を葬り去ったために……。

物理学者たちによる「神様の覗き穴」の存在証明

この世界のいたるところに「神様の覗き穴」があり、その穴から覗いている神様が人間の自由意思に働きかけをしているとアイザック・ニュートンが結論づけていたということは、現代に生きる我々から見ても新鮮な驚きです。

そう感じてしまうのは、その後、主流となっていった唯物論者たちが、その事実を隠していたためなのですが、このように「神様の働きの存在」についての言及が隠ぺいを受ける例はめずらしいものではありません。それは意図的、あるいは無意識によるもの、いずれも数多くあります。

ニュートンが見出した『ニュートンの運動法則』は、それまで神様によって秩序ある運行を約束されていると考えられていた天体の動きを見事に解明し、この世界から神様の働きを消し去ったのでした。

ところが『プリンキピア』の公表後、フランスの修道士ピエール・ルイ・モーペルチュイが逆に、『ニュートンの運動法則』がこの世界の中で成り立つということ自体から、「神様の働きが存在する」という事実を導き出すことに成功します。

その理論『モーペルチュイの最小作用の法則』とはどのようなものかというと、この宇宙の中で実現している物体の運動は、その運動の最初から最後までについて計測した「作用」と呼ばれる物理量が最小になるようにコントロール（制御）されている、と主張するものです。

そして、この法則から出発して『ニュートンの運動法則』を導き出すことができたモーペルチュイは、**この世界の中のすべての物体の運動を、このようにコントロールしているのが神様であり、したがって神様が存在しているからこそ『ニュートンの運動法則』が成り立つのだ**と結論づけたのです。

これによっていったんは神様をこの世界の外に追いやったかに見えた『ニュートンの運動法則』が、実は逆に、この世界の中のすべては神様によってコントロールされているという事実の証となり、神様の復権につながっていきました。

しかし、このように神様の存在を証明したというモーペルチュイの論考もまた、物理学の主流派からは無視され、モーペルチュイが示した「神様の働き」の部分のみが『モーペルチュイの最小作用の法則』という物理法則として名を残しているのが実状です。

この宇宙の中のすべてをコントロールしているものを「神様」と呼びたくない物理学者は、代わりにそれを「自然」と呼ぶか、あるいはコントロールする主体についてはまったく触れないですませています。

かくいう僕も、今から15年前にガンで死にかけるまではバリバリの唯物論者で、神様の存在などみじんも信じてはいませんでした。

ですから、『最小作用の法則』は存在しないと考えられていた量子力学という新しい物理学の枠組みにおいても、『最小作用の法則』が存在することを示す論文を20代のころに発表したときは、最後のところで「その昔にブッダが見抜いた如く、自然はすべてのものをコントロールしている」と書き表すのが精一杯でした。

今の僕なら、もちろん堂々と「その昔に偉大な聖人たちが見抜いた如く、神様はすべてのものをコントロールしている」と結ぶでしょう。

ところで、この宇宙の中のすべての物体の運動を神様がコントロールしているということは、**神様はすべての物体の運動の詳細を常に眺めながら、それが「作用」を最小にするように手を差し伸べてくださっている**ということになります。

ということは、この世界の中にはやはりいたるところに「神様の覗き穴」があるはずです。

そう、たとえ無神論者の物理学者たちが無視し続けてきたとしても、どうやら真実を隠し通すことはできないということが明らかになってきつつあります。この世界のいたるところに「神様の覗き穴」があるという真実が……。

では、それはいったいどこにあるのでしょうか？

覗き穴はどこにある？

「神様の覗き穴」は本当にたくさん、いえ、それこそ無数にあることは、たとえば神道の古い祝詞《のりと》にある神様への呼びかけの一節「百万無数の神たちよ」からも推しはかることができます。

とは言っても、それがどこにあるのかまったく見当もつきません。

まずはいちばん手近なところから探していくことにしましょう。

トイレットペーパーの芯に使われていたボール紙など、円筒のものを2本用意してください。それを、左右の手に1本ずつ持ち、双眼鏡を覗くようなスタイルで両目にあてます。

左手に持ったトイレットペーパーの芯を通して見る左目の視野と、右手に持ったトイレットペーパーの芯を通して見る右目の視野が、それぞれオフホワイトの背景の中に小さくポツンと開けられた丸窓のように映っています。

左右の芯の向きを平行にそろえるようにすると、左右の丸窓がうまく重なり、いつも普通に見ている目の前の光景の一部が切り取られた視野が得られます。

次に、左右の芯の先を外側に開き気味にしていき、左右の丸窓から見える視野がまったく重ならないようにしてみましょう。

そうすると、左目の視野に映る景色と右目の視野に映る景色が食いちがってしまうのです。このとき左目の視野に特に気持ちを向けてみてください。

僕の場合、左目の景色を見つめていると、なんともいえない孤独感がわきあがってきます。不思議なことですが、右目の視野ではそうはなりません。

実は、この左目で見ている景色が、神様がこの世界を覗き穴から見ている景色と、非常に似ているのです。まさに、「神様の覗き穴」と同じ景色です。

左目の景色について、あなたはどのような印象を持つでしょうか。僕のように孤独を感じる人もいれば、逆に安心を感じる人もいるかもしれません。

「他の皆さんの場合はちがった印象を得ることになるのかもしれない」そう思ったら最後、すぐにでも皆さんに試してもらいたいと願わずにはいられない僕は、講演会や拙著『合気・悟り・癒しへの近道——マッハゴーグルが世界を変える』（海鳴社）を通して呼びかけてみたのです。

その結果、さまざまな反響が寄せられ、興味深いものがいくつもありました。

中でもいちばん多かったのは、**イライラしたときや怒っていたときに試してみたら、すぐに気分が落ち着いて怒りが消えてしまった**というものです。

また、大切な方を亡くしてしまい、喪失感に引きずられた毎日を送っていたときに試してみたら、**喪失感が消えてしまい立ち直れた**というものまでありました。

このような結果は一見すると僕が感じてしまう絶対的な孤独感とは正反対のように映りますが、はたして本当にそうなのでしょうか？

疑問に思った僕は、このトイレットペーパーの芯でできた覗き穴を通して見る視野からわき出てくる孤独感に面と向かうことで、まずはその正体を突き止めることにしました。

それでわかったのですが、この孤独感は実は大きな安心感の奥底に隠れていたのです。ですから、体験者の皆さんの中には安心だけを感じ取り、失意の日々から抜け出すことができた方々もいらっしゃったわけです。

僕が安心をとおり越して孤独だけを感じ取っていた理由とは、拙著『ついに、愛の宇宙方程式が解けました――神様に溺愛される人の法則』（徳間書店）で明らかにしたとおり、周囲にどこまでも広がる空間のみを友とし、そのおかげで安心感とともに暮らしていたためでした。

僕には母親がなく、祖母と叔母に育てられたのですが、比較的恵まれた環境で特に不自由を感じることもなく成長してきました。母親がいないことによる寂しさや不安、不満も、空間を友とすることで解消されてきたのです。

そして、さらに思い出すことができたのです。子どものころには常にその孤独感にさいなまれていた、ということを……。それは、トイレットペーパーの芯をとおして見た左目の視界が、子どものころにこもっていた自室の鍵穴から覗き見ていたこの世界の断片に似ていたからだったのでしょうか。

先に述べたように、そのころの僕が自室の外に出ていくときには、耐えがたい緊張感と世の中に対する強い違和感からくるストレスを感じていました。

成長していくにしたがって「人間の皮を被った僕がその皮の一部に開けた覗き穴からこの世界を眺めているだけだ」と気づき、そんなストレスからも解放されていきました。

その覗き穴というのは、もちろん僕という人間に備わった左右の目のことですが、その人間の皮の奥に潜んでいる「本当の僕」がその覗き穴から見ているという感覚は、左右の目の視野を網膜の位置から後頭部のあたりまで後ろに引っ込めることによって、いつでも浮き上がってきます。そして、そのときの視野が、トイレットペーパーの芯を2本それぞれ左右の目に当てたときの視野に酷似していたのです。

そこで、僕はひとつの気づきを得ました。

実は、**我々が見ているこの景色も、ニュートンやモーペルチュイなどの物理学者たちがこの世界の中のいたるところにあると考えていた「神様の覗き穴」から見ている景色なのだ**、ということです。つまり、視覚、嗅覚、聴覚、味覚、触覚といった五感も「神様の覗き穴」を覗くために与えられている感覚なのです。

僕という人間の皮に開けられていた覗き穴をとおしてこの世界の中を眺めていた**「本当の僕」が神様だった**ということになります。

もちろん、僕だけが神様というわけではなく、誰も皆、それぞれが神様なのです。

人間はそれぞれ神様なのだということを、すぐに納得し、受け入れられる方がどれだけいらっしゃるでしょうか。僕は独りよがりな思い込みをお伝えしているのでしょうか。

この気づきをあなたと共有するために、僕が体験した不思議な出来事をご紹介します。

それは、あるとき頻繁に僕の身に訪れた「白昼夢」です。その白昼夢の内容を思い返してみると、まさに神様側から見た世界だったと解釈できるのでした。

僕個人という視点から離れて、その白昼夢の体験談を、神様の物語だと解釈してみてください。

「白昼夢」で神様として宇宙を見た

その白昼夢の中で、僕自身は最初にどこかよくわからない真っ暗なところにいるのでした。ふと気がつくと、僕がいるそばに、**青黒いゼリーのようなものが詰まっている巨大なゴム風船**が登場します。そして、僕はその中身をぼんやりと眺めていたわけです。

では、この青黒いゼリーが詰まっているゴム風船とはいったい何なのでしょうか？

その中を見てみると、小さく光る星々があちこちに渦を巻いて銀河を形作っていました。その銀河は編み目状に連なっており、青黒いゼリーのようなものが詰まっているゴム風船は、まさに**私たちの宇宙**ではないかと思われました。

つまり、僕自身はこの宇宙を外側から眺めている存在として白昼夢に登場していたのです。

白昼夢のここまでの場面の推移を振り返るとき、僕はいつも木内鶴彦さんからうかがった宇宙開闢のときの様子を思い出します。

木内さんは航空自衛隊で関東以北の航空管制をなさっていた元自衛官で、彗星《すいせい》を発見した実地天文学者でもありますが、彼の名前が多くの方に知られているのは、彼が3度も死亡したことがあるためです。医師による死亡診断書もあります。

心肺停止状態で瞳孔《どうこう》反応もなく、医師からの死亡宣告を受けて病院の病室に置かれていた木内さんは、死亡の30分後に生き返ってしまいました。それが1回目の死亡体験です。

そのとき、身体と分離してしまった霊魂の状態で安置所の天井付近を漂っていた木内さんは、自分が思えばどこにでも瞬間的に移動することができるだけでなく、時間をさかのぼって過去の世界に行く、あるいは未来に行くこともできることに気づきました。

こうして、1回目のときは今から6000年前の古代エジプト王朝よりも古い時代に行き、あのギザの大ピラミッドの工事の様子をつぶさに見てきたのです。

2回目と3回目の死亡体験はどちらも中国での手術中だったそうですが、2回目では今から40億年前の原始地球にあった海の中で生命が発生するプロセスを見てきて、3回目では今から137億年前にこの宇宙が生まれたときの様子を見てきてくれました。

そして、**この3回目の死亡体験で木内さんが見てきた宇宙開闢の流れが、僕が見ていた白昼夢の内容と似通っていたの**です。

宇宙開闢の少し前から見ておきたいと考えた木内さんは、霊魂の状態で今から138億年前に行ってみました。

すると、そこは何もない、つまり真っ暗としか表現しようのないところでした。しかたがないので、そのままそこに漂って宇宙開闢となる137億年前になるのを待っていたところ、その何もない真っ暗な中から「**退屈で退屈で困りはてている**」という気持ちが伝わってきたのです。

どうも、その何もない真っ暗なところというのは、それ自体が完全な調和によってひとつになったもののようで、哲学者にして数学者のゴットフリート・ライプニッツが提唱したモナド（単子）とも、さらにはまさに神様だとも、あるいは宗教色を排したい方々のためにはサムシンググレートだとも思えるものだったそうです。

木内さんからこの話を聞いたとき、僕はそれが神様だと直感しました。

そして、神様が退屈きわまりない状況から逃れるために自分自身、つまり完全調和によってひとつになったものの一部を切り離してしまった瞬間が宇宙開闢であり、今から137億年前のことだと理解することができたのです。

神様から切り離された一部がこの宇宙になったわけですが、それを僕の白昼夢の中では青黒いゼリーのようなものが詰まっている大きなゴム風船だと見ているのです。その神様から切り離された部分としての宇宙をその側から眺めているのは神様でしかないわけですが、白昼夢の中ではそれが僕になっているのです。

白昼夢はまだ続きます。

次の場面では、青黒いゼリーのようなものが詰まっているゴム風船の形をした宇宙に、僕自身がめり込んでいったのです。僕自身はゴム風船の外側にいるままなのに、僕という存在は青黒いゼリーの中に入り込んでしまっているかのように見えました。

その次の場面で僕は、ゴム風船のまた別の部分からもめり込んでいき、この宇宙の中に多方向から同時に入り込んでいきました。こんなことができるのは、やはり僕が宇宙を取り囲んでいる神様そのものだからにちがいありません。

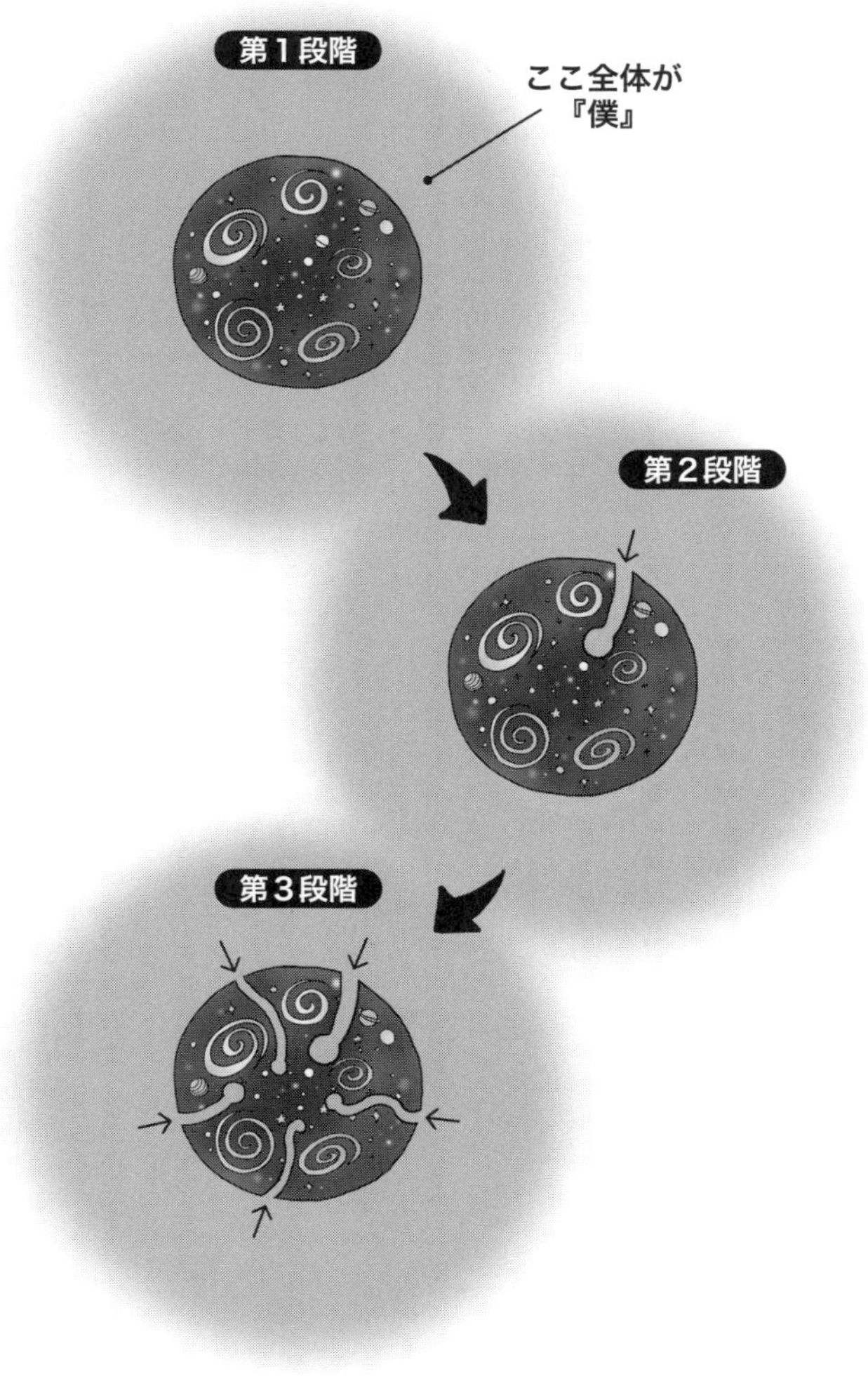
第１段階
ここ全体が
『僕』
第２段階
第３段階

この僕だけが神様だなどと、高慢な鼻持ちならないことを主張しているわけでは、もちろんありません。なぜなら、それぞれ別の方向から入り込んできた神様がこの宇宙の中に多数さまよっている姿がいつしか自分以外の人間だと見えるようになり、ごく普通の日常が目の前に展開されていったのですから。

そうです、実はあなたを含め私たちは全員が神様であり、今では人間の皮の奥の奥に潜んでいてその目、つまり「神様の覗き穴」からこの世界の中を眺めて楽しんでいるのです。

しかし、残念なことにあなたも僕も、本当は人間の皮に開けた覗き穴からこの世界の中を覗き込んでいる神様だということを完全に忘れてしまっています。

自分は1人の人間で、この世の中で毎日をがんばって生きていると思い、74億人もの人たちの間で右往左往しているのです。

もし、ほんの少しでも「実は、自分は神様だったのだ」と気づくことができれば、この世界のしがらみに縛られてストレスにまみれている自分に別れを告げて、もっと気楽な生き方ができるようになるかもしれない！　でも、どうすれば気づくことができるのでしょうか？

ヨガや座禅、あるいは写経、さらには断食や瞑想といったさまざまな宗教的儀式への参加などによって気づきが得られると信じ、いろいろとなさってこられた方も少なくないでしょう。

そして、そのような方法では決して気づくことができないと思い知らされたことも少なくはないはずです。

では、誰もが簡単に気づくことができる方法があるのでしょうか？

答えは、イエスです。そう、「神様の覗き穴」からほんの少しだけ目を離せばよいのです。

第2章

あなたの中の神を覚醒させる方法

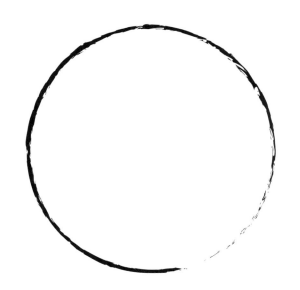

あなたが神様に戻る方法

第1章では、私たちは皆、神様であり、誰もが「神様の覗き穴」からこの世界を見ているだけだった、という真理をご理解いただけたかと思います。

もしあなたが複雑な悩みや不安を抱えていたとしても、それは単に「神様の覗き穴」の向こうにあるもので、覗き穴の奥にいる「本当のあなた」には何の悩みや不安もありません。この気づきだけで、世界は驚くほどちがってとらえられます。

手はじめに、今覗いている「神様の覗き穴」から目を離してみましょう。

やり方はとても簡単です。この章では、その方法を具体的にお伝えしていきます。

覗き穴から目を離す、というと、間違えて目をつむってしまう人がたくさんいます。目をつむってみたところで、単に視界が遮《さえぎ》られるだけです。瞑想のときにも目をつむることが多いようですが、逆に目をつむると雑念がどんどんとわいてくるのは僕に限ったことではないでしょう。それではとても、奥底に潜んでいた神様に戻れたとは思えません。

ですから、目をつむるというのは「神様の覗き穴」から目を離すことにはならないのです。たとえば、景勝地の海岸展望台から、双眼鏡で遠くの景色を眺めている自分を想像してみてください。双眼鏡の接眼レンズに左右の目を当ててみると、沖を漂う小舟が大きく映し出されています。このとき、接眼レンズに当てたままで両目を閉じてみると、やはり単に視界が遮られるだけです。

ところが、両目は開いたままで両目を接眼レンズから30センチメートルほど離してみれば、それまで見ることができていなかった双眼鏡や双眼鏡が置かれた場所の周囲までもが視界に入ってきます。目を離すということは、見える範囲が変わることで、見ないようにすることではありません。

据えつけられた双眼鏡の場合は、自らが引くことで「目を離す」ことができます。逆に手持ちの双眼鏡から目を離すためには、双眼鏡を持っていた両手を少しだけ前に伸ばしてみればよいわけです。

人間の皮を被っている私たちが、人間の皮に開けられた「目」という「神様の覗き穴」から、「本当の自分」の「目」を離すときも同じです。

人間の皮の奥底にある、どうやって出し入れするのかわからない、「本当の自分」を操作しようなどと考える必要はありません。そんな難しいことはさっさとあきらめ、**双眼鏡に相当する、人間の皮に開けられた「神様の覗き穴」のほうを前に動かしてしまえばよい**のです。

双眼鏡の場合はそれを支えているのは両腕でしたから、両腕を前に倒してしまえば双眼鏡を目から離すことができました。

人間の皮に開けられた目の場合、それを支えているのは首の骨とその周囲の筋肉を包んだ首の皮で囲まれた部分なので、目を前に動かす、つまり「神様の覗き穴」を前に動かすにはそれを支えている首から動かすようにしていきます。

①首の力を抜き、顔を前に倒す
②首はそのままで顔を起こし、顎《あご》だけを前に突き出すようにして、頭蓋骨《ずがいこつ》を立てる
(自然に顎の骨が落ちてきて、口がポカンと開き、人によっては舌が出たりよだれが垂れたりもするでしょうが、それで大丈夫です)

一見すると滑稽《こっけい》な姿にしか映らないのですが、首の筋肉がゆるんで「神様の覗き穴」自

①

②

体を前に動かすことで、奥底に取り残されたままの僕たちの本当の目が「神様の覗き穴」から離れていくのです。そうすることで**誰もが本来の姿である神様の視点を取り戻すことができ、神様に戻っていくきっかけを得ることができます**。

こんな簡単な方法で神様に戻れるなど馬鹿げている、と思う方も少なくないでしょう。ですが、赤ん坊を思い出してみてください。

古今東西を問わず、無邪気な赤ん坊は天使や神様にたとえられることが多いですし、赤ん坊が笑顔を見せると周囲の大人はつられて笑顔になってしまいます。先ほど説明した神様の視点を取り戻す方法は、この赤ん坊の笑顔にヒントを得ているのです。

赤ん坊が笑顔になるのは、周囲の大人たちの笑顔をマネしているからだと言う人もいます。

ところが、あるアメリカでの研究によれば、マスク姿で笑顔を隠しても、赤ん坊はちゃんと笑顔を示したり笑ったりするというのです。つまり、赤ん坊の笑顔は天性のもので、後天的に学習したものではないのです。

しかも、赤ん坊が笑顔を見せると周囲の大人がかならず微笑むということこそ、無意識の反応だと考えられているのです。大人は、意識的に赤ん坊の笑顔をかわいいと判断して笑顔になるのではなく、無意識に反応して笑顔を返しているようなのです。大人のほうこそ、赤ん坊の笑顔に同時につられて笑ってしまっているのです。

人間の精神発達についての研究では、自我が形成されはじめるのは生後3ヶ月くらいになって首が据《す》わるときからであり、それ以前の赤ん坊は、母親や周囲のすべてとつながった自我のない内面となっていることがわかりつつあります。

それは、僕が見てきた白昼夢の内容にも呼応し、神様がその完全調和から切り離した部分であるこの宇宙の中に入り込んでくるときには、同じようにして入り込んできて生まれた他の人間とも同じ神様として、互いにつながっていたことを物語っています。

そう、**もともと赤ん坊は、生まれたときには誰もが神様だということがまだわかっていて、そのため母親とも周囲のすべてのものともつながっていた**のです。だからこそ、赤ん坊が笑顔を見せれば、つながっている母親も周囲の人たちも、みんなつられて笑顔になってしまうのです。

そして、そのようなつながりは首が据わり、自我が生まれることによって消えていきます。その後は、自分と母親をまったく別の存在として意識するようになり、人生航路がはじまっていくことになるのですが、たとえば、まだ自我ができていない赤ん坊のころに戻れたならばどうでしょうか？　もしそうなれたなら、まだまだ神様として他のすべてとつながっていた本当の自分に戻ることができる、つまり神様に戻ることができるかもしれません……。

では、どうやったら赤ん坊に戻ることができるのか？

答えは簡単です。首が据わることで自我が形成されはじめるのだから、**首の据わりを解いてしまえば自我も取れて赤ん坊に戻れる**のです。

そう、首を前に倒して顎をしゃくりあげたあの「神様の覗き穴」を前に動かした姿こそが、まだ自我のない赤ん坊のときのあなた自身だったのです。

龍のあぐらが導くこの世の安穏

さあ、ここで首の据わりを解いて、生まれて間もない赤ん坊に戻ってみましょう。

そう、これまでの人生の中でまとってきた自我の鎧《よろい》を外してみるのです。

前節でご説明した姿勢をぜひやってみてください。自然に口がポカンと開いてしまえば完璧です。とてもみっともない姿に映りますが、実は自分の姿勢をコントロールするこの体勢だけが、自我を外すことができる唯一の技法になります。

ただし、こうしてせっかく首の据わりを解いてみても、直立していたり椅子に腰掛けていたり、あるいは正座などしていては自我は完全には外れません。それは、大人は無意識のうちに常に腰を固め、その堅固にした腰の上に上体を乗せるようにして行動する習慣が身についてしまっているからです。

生後3ヶ月ごろ、赤ん坊は両親や周囲の人々と自分とを切り離して認識し、自我を形成しはじめます。その自我の形成を飛躍的に助けることになるのが**二足直立**なのです。

赤ん坊は、だいたい生後1年から2年くらいの間に立ち上がります。それまではハイハイでしか移動できていなかったのに、ふいに何かにつかまりながら2本の足で立ち上がるようになるのです。その次には、自分だけで二足直立し、さらにはヨチヨチ歩きまでこなすようになります。

これで赤ん坊の自我は急激に発達して、大人になるまでどんどん肥大していくのです。

二足直立をするためには、それまで肩や肘《ひじ》、膝《ひざ》の関節と同じように、単に足を動かすためだけに用いていた股関節と腰の骨の周囲を、筋肉により固める必要がありました。私たちはヨチヨチ歩きをはじめてからずっと、無意識に腰を固めて上体を乗せる姿勢を続けているのです。

自我を外すためには首の据わりを解くだけでは足りない、とお話しした理由は、この固まった腰周りをなんとかしなくてはいけないからです。といっても、長年にわたってしてきたことを急にやめようと意識しても、それは容易ではありません。

ところが、幸いなことに私たちは、腰を固めず、また上体を腰の上に乗せない姿勢での座り方を知っています。それは「あぐら」です。ただし、座禅やヨガの瞑想で用いられるような、前に深く入れ込んだ腰の上に上体を乗せるやり方では、腰が固まっているために自我を外すことが難しくなってしまいます。腰を固めず、上体を腰の上に乗せないようにしなくては、ハイハイしかできなかった赤ん坊のころの状態を再現することはできません。同じあぐらでも、瞑想のときのあぐらより腰の力と上体の力を抜いて、背骨を丸くかがめ、いかにもなまけ者に見える座り方であれば、首の据わりを解いて自我を外すときの大きな助けになります。

その昔、座禅の聖者とあがめられていた高僧が入定《にゅうじょう》したまま即身成仏《そくしんじょうぶつ》し、そのままミイラにされた遺体が仏像の中に保存されていたことがありました。その仏像を解体して中のミイラを見ると、その座り方は背骨を丸くかがめ、首を前に倒して顎を上げているなまけ者のあぐらだったのです。

座禅の聖者が即身成仏なさったときの座り方を、「なまけ者のあぐら」と呼ぶのも、大いに気が引けます。そこで、何かふさわしい呼び名を考えたいと思ったところで、龍の絵を思い出しました。

古くから伝わっている絵でも現代のアニメでも、正面から描かれた龍はどれも首を前に倒し顎を上げています。ですから、なまけ者のあぐらの代わりに「**龍のあぐら**」ということにするのがよさそうです。あぐらで座らずに腰を後ろに引いて立っているときに首を前に倒し顎を上げる姿勢は「**龍首**《りゅうくび》」とでも呼ぶことにしましょう。

座禅の聖者ほどの方が入定のときに用いた龍のあぐらですから、自我を取り払うのに大きな効果があるはずです。

さあ、どうでしょう？　誰でもすぐにわかるのは、龍首と龍のあぐらで自我を完全に解いた状態では、頭の中が真っ白になってほとんど何も考えられなくなるということです。

座禅やヨガのときに用いる、瞑想のための座り方では絶えず雑念がわいてきて、静かな禅寺の中においてさえ、自我を外すなど容易ではありません。

ところが、一見だらしないこの姿勢になったとたん、周囲が騒がしくなっていてもちっとも気にならなくなります。騒々しいとか静かだとかという考えさえも消え去り、ただただこの至福の今にいることの安穏だけがそこにある状態になります。

まさに、座禅や瞑想が追求してやまない極致のはずの入定が、そんな龍首と龍のあぐらで誰でも簡単に実現してしまうのです。

分け隔てなく誰もがそうなるのですが、それはどういう理由によるのでしょうか?

普通に考えるかぎり、苦節何十年ものつらい座禅の修行を経ても、よほどの高僧でないかぎり入定は難しいという結論にいたります。雑念を取り払って集中しようとすればするほど、ひっきりなしに雑念がわいてくるからです。苦労の末にやっと雑念が消えたと思ったら、実は居眠りをしていたというジョークも笑えません。

龍首と龍のあぐらの姿勢では、丸くなった上体が腰の上に乗っていないため腰はゆるんでいます。さらに首も据わっていないという、まるで生後3ヶ月未満の赤ん坊のような状態が再現されています。ですから、首の据わっていない赤ん坊と同じで、自我が外れてなくなってしまった状態になると考えられます。

そして、「神様の覗き穴」から目を離し、自我を取り払うことができた人間は、生後3ヶ月未満の赤ん坊と同様に、自分たちが人間の皮を被った神様の一部なのだということを直感することができるわけです。

そのため、この至福の今にいることとの安穏に浸ることができるのです。

神様のやさしさを感じ取る

龍首と龍のあぐらで自我の殻が消えた心の静けさの中で、あなたの眼前に広がるこの世界はどのように映っていたでしょうか？　いつもの景色とは雰囲気がちがっていませんでしたか？

そう、うまく言い表すことができないのだけれども、なんとなく目に映るものはすべてあるべきものが、あるべきところにあるように思える。すべては、在りて在る。あるいは、今にある、今を生きる。そんな印象が生まれてはいませんか？

そして、目の前にあるすべてのものが、いつもよりなんとなく身近なものに感じられたはずです。親しさが増していたのです。

あなたは、人間の皮を被っているだけです。あなたは、その覗き穴の先にある、世界のすべてのものにつながっている、という事実を知り、あなたの中の神が覚醒《めざ》めはじめているのです。

そこでは、好きなものだけを許し、嫌いなものを排除するという感情など消え失せ、ただただあるがままを、あるがままに受け入れる気持ちが芽生えています。実は、その気持ちが「やさしさ」なのです。

龍首や龍のあぐらで得られるこのやさしさは、私たちが人間の皮を被った神として本来持っているものですが、残念なことに、人間の皮にくっついている脳神経が生み出す意識によって、いつもは隠されてしまっています。

ところが、**龍首のままで腰をゆるめて立ったり座ったりするだけで、その意識が作る自我の殻が消え、それまで隠されていた本来のやさしさが姿を現します**。それが、龍首と龍のあぐらでいるときに、なんとなく感じ取れる気持ちの正体だったのです。

それは、赤ん坊の無垢な気持ちそのものといってもよいでしょう。首を前に倒して顎をしゃくりあげて「神様の覗き穴」を前に動かした姿こそが、まだ自我のない赤ん坊のときのあなた自身だったのですから。それこそが神様である「本当の自分」なのです。

そのとき、神様として他のすべてとつながっていた「本当の自分」、つまり神様に戻ることができていたのですから、やさしさというものは実は神様のやさしさだったのです。

この世界の中のすべてのものとつながっている神様のやさしさが出てきさえすれば、この世に不可能はありません。どんな不思議なこともすべては神様のなさることとわかれば納得がいきます。

どんな人でも、神様のやさしさを取り戻す瞬間には本当に神様に戻っているのですから、不可能を可能にすることができるわけです。

「神様の覗き穴」を描く画家

龍首と龍のあぐらで神様に戻ると、先ほどまで目の前にあった問題や悩みから切り離されている実感がわくと思います。

「本当の自分」はいつも神様のやさしさに包まれている、癒されているのです。そのやさしさに気づいている人は、自然と周りの人を幸せにし、たくさんの人に愛されながら生きています。

僕は時折、そんな龍首、龍のあぐらを意識せずに生き方に取り入れている人に出逢います。そんなときは、その人物からあふれ出てくる神様のやさしさに心から感動します。

先日、ご縁あって、京都の賀茂別雷神社《かもわけいかづち》（通称：上賀茂神社《かみがも》）を訪れる機会がありました。そこで、現代フランスを代表する日本人画家、松井守男《まついもりお》画伯が描いた掛け軸を拝見したのです。その掛け軸は、松井画伯が上賀茂神社へ奉納された作品です。

その掛け軸との出逢いは、本書の「神様の覗き穴」を考察する上で、大きな出来事となりました。

松井画伯は、１９４２年に愛知県で生まれ、武蔵野美術大学造形学部油絵科を卒業後、フランスへ渡り、コルシカ島を拠点に活動されています。

ピカソとも親交があったため、ピカソ唯一の弟子とされ、世界中であらゆる作品が非常に高く評価されており、フランスでは彼を知らない人はいません。

２０００年、フランス政府より芸術文化勲章を受章、２００３年には、レジオンドヌール勲章までも受章されたのでした。その後も、２００５年に開かれた『愛・地球博』のフランス・ドイツ共同パビリオンの貴賓室で作品が展示されたほか、長崎の大浦天主堂などの史跡で個展を開かれるなど、世界中で幅広く活躍されています。

そんな松井画伯が、２０１７年、京都大原三千院に屏風絵《びょうぶ》、京都大原宝泉院と上賀茂神社には襖絵《ふすま》と掛け軸の絵を提供されました。

僕は、偶然が重なり続けて上賀茂神社を訪ねる機会をいただき、この襖絵と掛け軸の絵を拝見しました。

そして、ひと目みた瞬間、驚きとともに言葉を失いました。その掛け軸に描かれていたそれは、まさに「神様の覗き穴」そのものだったからです。

権宮司《ごんぐうじ》様に「この絵を描かれた松井画伯とは、どのような方ですか?!」とお尋ねしたところ、権宮司様はこのようにおっしゃいました。

「彼はどんな作品も、目の前に見えているものをそのまま描いているだけ、なのだそうです。天地３メートル左右７メートル以上ある大作を制作中にもかかわらず、彼は完成させるまで一度も全体を俯瞰することなく筆を進められます。そして、最後に全体を見て、『ああ、神様は自分にこのような絵を描かせていたんだなあ』と思うそうなのです」

僕は、松井画伯が絵を描いている姿をおさめた写真も拝見させていただきました。その姿はまさに龍首と龍のあぐらでした。

そうです。松井画伯は龍首と龍のあぐらで、本当に「神様の覗き穴」を見ながらこの掛け軸を描いたのです。

上賀茂神社の掛け軸の絵の他にも、彼によって描かれた絵画のすべてに「神様の覗き穴」が見て取れました。

このような方がいらっしゃるのを知り、僕は心から感動しました。**神様は、彼という人間を通して、我々に「神様の世界」を見せてくれていた**のです。

絵を描いている松井画伯は、龍首と龍のあぐらで肉体から「本当の自分」を離し、神様となって自分のすべきことをなさっています。

「本当の自分」が神と一体になれば、あなたにもこのような奇跡が待っているのです。

龍のあぐらで成績が上がった営業マン

松井画伯のように、この世に生きる人々の中で、人知れず神様のやさしさを取り戻す方が大勢いらっしゃいます。

ごく最近になってからのことですが、龍首と龍のあぐらによって自我の殻を取り払い、神様としてすべてのものとつながっている「本当の自分」に戻ることができる、という話を、主宰しているキリスト伝来の活人術（冠光寺眞法《かんこうじしんぽう》）の講演会でお伝えしたことがあります。

すると、終了後に1人の男性が寄ってこられ、僕に深々と頭を下げてくださったのです。その上で、彼が「とても腑《ふ》に落ちたことがある」と、話してくれました。

その方は会社で営業の仕事を続けてこられたのですが、取引先との商談がまとまるときもあれば、途中で話がこじれてまとまらなくなることもあるとのことです。

最初のころは、商談がこじれてしまうときは運が悪かったのだ、という程度にしか思っていなかったそうですが、あるときふと驚くべきことに気づいたのだそうです。

取引先の応接椅子に腰掛けて商談するときのことを振り返ってみると、椅子に浅く腰掛け、胸を張って背筋を伸ばし、首を力強く直立させて唇を引き結び、自信に満ちてやる気満々の姿勢で臨んだときにはかならず商談に失敗したそうなのです。

逆に、椅子に深々と腰を下ろし、上体の力を抜いてお腹が引っ込むように背中を丸め、肩の力も抜いたところで首の骨を前に倒して顎を上げた姿勢。自然に口が軽く開くのですが、そんな頼りなさげに映る姿で臨んだ商談はどれもうまくまとまったとか。

普通に考えたら逆でしょう。しかし、自信満々な営業マンではなく、頼りなさげな営業マンのほうが成功している。

そんなにわかには信じられないようなことを経験的に見つけてしまった彼は、その後もかならずその龍首の姿勢で取引先との商談に臨み、結果として周囲から驚かれるような営業成績をおさめ続けているそうです。

龍首と龍のあぐらをご紹介した僕のほうが驚かされてしまいました。

龍首や龍のあぐらで自我の殻を取り去り、神様のやさしさを取り戻すだけで、商談交渉までもがうまくいくようになるなどとは完全に想定外だったからです。

しかし、そもそも神様というのは完全調和そのものだと考えれば、神様のやさしさがにじみ出たものがうまくまとまらないわけはありません。

ひょっとすると営業マンの商談に限らず、たとえば戦争終結のための和平交渉から恋愛の駆け引きにいたるまで、龍首や龍のあぐらを用いた人が、成功をおさめてきていたのかもしれません。神様のやさしさにかなうものはないのですから。

イライラしたときや怒っていたときにこれを試してみたら、すぐに気分が落ち着いて怒りが消えてしまったというご報告が多かったのも、やはり神様のやさしさがよみがえったからにちがいありません。

そう、この世界で私たちが目指すべきは、そんな神様のやさしさを取り戻すこと。

そして、そのための有効な手法が、ここでご紹介した龍首や龍のあぐらの姿勢を取ることで、「神様の覗き穴」から目を離してしまうということなのです。

抗《あらが》うことをやめると人生が好転する

この本を執筆中、編集者に「龍首や龍のあぐらのおかげで人生を好転させている女性の方はいらっしゃいますか？」と尋ねられました。

「いると思いますよ」とお答えしたのはいいですが、誰にしようか、どうまとめようかと頭を悩ませていました。そんなある日、岡山の知り合いの方から連絡が入りました。

「以前から保江先生にご紹介したかった女性がいまして。先方は今日のお昼ごろだったら空いているそうなんですが……」

前日飲み過ぎて、二日酔いに苦しんでいた僕は、身体を引きずるように待ち合わせ場所へ向かいました。

品川駅の改札に着いた僕はあたりを見回しました。すると、1人の女性が目に飛び込んできたのです。一瞬で「あ、紹介される女性ってこの人のことだ」と認識できました。

すると、向こうも僕に気がついて、こちらに背を向けていた仲介の方に「保江先生がいらっしゃいましたよ」と声をかけています。

「えっ？　初対面なのに、どうしておわかりになられたんですか？」と、仲介してくれた方は不思議そうでしたが、僕からしたら当然でした。

僕は久しぶりに「本当の自分」のまま人前に出ている人を見たのですから。

どんな人も少なからず「本当の自分」を「神様の覗き穴」の向こうに隠しています。ひと目見ただけでは、相手のことを知り得ないのはそのためです。

ところが、彼女は「神様の覗き穴」からいつも目を離しているような人でした。そして「本当の自分」のままで人と接しているのです。

もちろん姿勢は、立っていても龍首や龍のあぐらと同じ状態です。

彼女の名前は、木村悠方子《きむらまさこ》さん。

木村さんは心と体にやさしい料理を提供するレストランを経営されながら、「いのちをいただく」ことを意識する食事法をお伝えされています。

さらに、2人の息子さんを育てられた経験から、母親の心に届く言葉「ことのは」を子どもに語りかけることがいかに大切かを、全国各地の講演やセミナーでお話しされていらっしゃいます。その『ことのは語り』では、多くの親子が良好な関係へと導かれているのです。

「本当の自分」のままでいる木村さんと向かい合うと、不思議なほど心が安らかになりました。まるで、深い意識に寄り添ってくれているような、そんなやさしさを感じたのです。

僕も龍首と龍のあぐらで「神様の覗き穴」から目を離し、「本当の自分」となっていれば、魂でつながっているのをより深く理解できたと感じています。

もちろん、彼女は龍首のことも龍のあぐらのことも、「神様の覗き穴」の話もご存知ありませんでした。自然とそのような存在になられたそうです。

不思議に思った僕は「神様の覗き穴」と龍首、龍のあぐらのご説明をして、木村さんはいつからそのような姿勢を取られているのか、さらに、どうして今のように輝けるようになられたのか、をお尋ねしました。


木村さんは淡々と語りはじめました。

「私、あるとき一大決心をして、さまざまなこと、家族のためとか友だちのためとか、誰かのためにと生きていたのを一切やめて、自分のやりたいこと、好きなことをやれる環境を整えました。

まずは自分自身を真っ裸にして、そこから何ができるか、と真剣に向き合ったんです。

いつでも楽に構え、体裁を繕《つくろ》うことをやめました。そうしたらいろいろなご縁をいただけるようになりました。

私は、今生の役目をこなすために必要最小限なものだけをもらって、どんなお声がけも拒否したりしません。まずは行かせていただく。

そうこうしているうちに、すべてがうまくいくようになってきたのです」

いつでも楽に構える、ものごとに抗わない。

この2つは**「本当の自分」としてこの世で輝くために、最も大切なこと**だと言えます。

木村さんのように、素で龍首や龍のあぐらの姿勢を取っている人は、おのずと幸せな人生を歩まれています。

もし、**夢をかなえたい、幸せになりたい、と思うのであれば、先に姿勢ありき**です。

それだけで、「本当の自分」があらゆるご縁を引き寄せはじめます。

それも当然です。「本当の自分」、つまり神様であるあなたは、すべての「神様の覗き穴」の奥でつながっているのです。

そこは完全調和の世界。神様の世界です。「本当のあなた」が動く、思う、願うと、すべてに影響して、完全調和の世界も動き出します。

これが願いをかなえられるメカニズムなのです。

第3章では、「神様の覗き穴」（この世）以外の世界、完全調和である神様の世界（あの世）について、詳しくご説明したいと思います。

第3章

覗き穴の
向こうにいる神

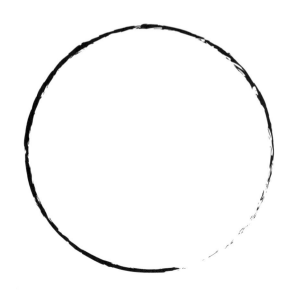

神様の孤独感

龍首や龍のあぐらを試すことで、「神様の覗き穴」から本当の目を離し、神様のやさしさを思い出していただけたと思います。

すでにお伝えしたように、イライラしたときや怒っていたときにこれを試してみたら、すぐに気分が落ち着いて怒りが消えてしまったというご報告が多かったのも、やはり神様のやさしさがよみがえったからにちがいありません。

また、実際に目を離さずとも、**自分は単に覗き穴から世の中を眺めているにすぎないという事実を強く意識することでも神様のやさしさを取り戻すことができます。**

トイレットペーパーの芯を両目にあてがった状態で意識するとより効果的に「目を離す」ことができます。

ところが、これはどうも僕に限ったことのようでしたが、先ほどお伝えしたように、トイレットペーパーの芯を当てた左目の視野に意識を向けると、何ともいえない孤独感がわき出てきます。

他の皆さんの場合に大きな安心感が生まれてくるのは、神様のやさしさに触れているのですから、当然といえば当然のことです。僕は、僕自身の問題としてわき出てくる孤独感に面と向き合うことで、その正体を突き止めることができたのでした。

僕だけが神様のやさしさを押し退けてまで強く感じてしまう絶対的な孤独感とは、いったいどのようなものでしょうか？　なぜ僕はそれを感じてしまうのでしょうか？

この疑問は、しかし意外にも簡単に解けてしまいます。それは、あの不可解な白昼夢のおかげなのです。

その出だしの場面では、僕自身は最初にどこかわからない真っ暗なところにいるのでした。実はこのときにもあの絶対的な孤独感が漂っていたのです。ですから、これまで何度も不意に見てしまったこの白昼夢の最初の場面を注意深く思い出すことで、そのときにも感じることができていた絶対的な孤独感の由来を突き止めることができるはずです。

またあの真っ暗な最初の場面に舞い戻ってみましょう。いったい何がそんなに強い孤独感の原因になっているのか。

その場面では、何もないところに自分だけがいるのですが、その自分すら、見ることも触れることもできない状況です。

とにかく、なんとなくこれが自分なんだというおぼろげな感覚が真っ暗なところに漂っているだけ。

しかし、そんな場面に気持ちを合わせているうちに、だんだんと寂しくて退屈な感情がわいてきます。というよりも、その白昼夢の中のおぼろげな僕の気持ちが少しずつ伝わってきたのかもしれません。他には誰もいない、何もないという状況にたった1人で置かれているわけですから、その僕が感じていた寂しさは尋常なものではないはずです。

そして、この白昼夢の最初の場面、真っ暗で何もないところに漂う自分というのが、ただただ「在りて在るもの」つまり神様だとするなら、その神様というのは他に何もない永遠の中に在り続けていることになります。

当然ながら、それ以上の孤独感はありえないでしょう。まさに絶対的な孤独状態に陥っているわけです。

そんな状態が永遠に続いていたなら、いくら神様とはいえ、いつしかやりきれない思いで満たされてしまうでしょう。絶対的な存在である神様が弱音を吐くことはないでしょうが、何もないところに「在りて在り続ける」ことにはきっと退屈しているにちがいありません。

そんな退屈きわまりない状況を少しでも和らげようとしたのでしょうか、神様は真っ暗で何もないところに青黒いゼリーのようなものを造り、その中を、か細く輝く小さな星々があちこちに渦を巻いている銀河が編み目状に連なっている宇宙にしてしまったのです。

こうして生まれた宇宙をあらゆる方向から同時に眺めているだけでは飽きたらず、ついには神様自身がその宇宙の中に入り込んでいって、自らさまざまな出来事を体験しようとしはじめたのが、あの白昼夢のその後の場面になっていったのではないでしょうか。

もしあなたが神様のやさしさを取り戻すとき、それに合わせて絶対的な孤独感を僕と同じように感じたとしても、何も心配はいりません。

そもそも神様という「在りて在るもの」は、何もない真っ暗なところにただただ存在し続けるものなのですから、孤独そのものといってもよいものです。

神様のやさしさを取り戻すとき、神様の視点を得るとき、あるいは神様の言葉を聞くとき、孤独感が生まれても、それはごく自然なことなのです。逆に、宗教家や哲学者などが神様に近づきたいと思ったときになすべきことは、人々から離れて自分を孤独な状況に追い込むことです。キリスト教カトリック修道院の中から選ばれ、険しい山々や無人島で隠《いん》遁《とん》生活をする修道士が神様に触れることができるのも、そのような理由からではないでしょうか。

もちろん、宗教とは縁遠い私たちでも、1人だけで孤独に過ごす時間が増えれば増えるほど、神様に接するチャンスが増えてきます。孤独には神様の力を導く働きがあるのです。「**孤独を愛する人にこそ神が宿る**」と言ってもよいでしょう。そう、孤独を恐れてはいけないのです。孤独こそが自らの中に神様を見出すための入り口、まさにスピリチュアル・ゲートなのですから……。

しかし、周囲の人々から離れていってしまうと、他の人のことを考えない独りよがりの殺伐とした心になってしまうのでは、と心配になってくるかもしれません。

ですが、それは完全な取り越し苦労です。キリスト教カトリックで隠遁生活を続けておいでだったスペイン人修道士を存じ上げていますが、孤独の中で真に神様とともに生きたその修道士はまさに「愛の生け贄」と呼ばれるように、限りないやさしさを人々に示す高みにまで昇られていました。

ちょうどよいので、イエス・キリストによる愛の教えに基づくキリスト教にまつわる不思議な出来事をお伝えすることで、「愛」あるいは「神の愛」というものがどのようなものなのかについて具体的に見ていくことにしましょう。

愛と神様

さまざまな宗教の中で愛を全面に出しているものは、キリスト教の他にも数多く見られますが、特にキリスト教カトリックでは神は愛そのものだと説明されることがあるほどです。

キリスト教は死海の近くにあったナザレという小さな村で育ったイエスが説いた教えであり、「汝の敵を愛せよ」や「汝の隣人を愛せよ」という彼の言葉は世界中の人々の胸に刻まれ続けています。

当時ナザレで主に用いられていた言葉はコプト語という、ギリシャ語に近い言語だったために、イエスの教えを編纂《へんさん》した新約聖書は最初にギリシャ語で書かれたようです。

そのギリシャ語では愛のことを*φιλια*（フィリア）と表しますが、この言葉はその後に英語の*physics*（フィジックス）となり、その意味は身体あるいは物理となってしまいます。

また当時イエスが生きた地域を支配していたローマ帝国の言語であるラテン語では、愛は*caritus*（カリタス）という言葉になり、その後に英語の*charity*（チャリティー）となります。今ではチャリティー番組とか、チャリティーショーなどのように慈善行為を表す用語として日本語の中にも定着していることからもわかるように、本来の愛は生殖本能や愛欲とは無縁の、慈善や慈悲という意味だったのです。

では日本や中国などの漢字文化圏において、愛はどのようにとらえられていたのでしょうか。

「愛」の字の天井の部分は人の手を表します。また、床の部分もやはり人の手を表しています。似たような漢字で「受」についても、やはり天井の部分と床の部分は人の手を表しています。そして、船を表すワ冠の部分は一般的な「物」を意味します。

ということは、「受」という漢字の意味は「物を手渡す」ということになります。

そうすると、「愛」という漢字の意味は「物に心をこめて手渡す」ということになるのではないでしょうか。まさに日本における職人気質そのものといってもよいでしょう。その物を受け取る人の身になって作り上げた物を手渡すのが愛の原点であれば、愛とは他の人と共感することだともいえるのではないでしょうか。

慈善や慈悲あるいは慈愛というものも、この世に存在するすべての人や物との共感を得ることだと理解することもできますので、やはり愛とは共感であり、愛するとは共感することを意味するというのがもっとも腑に落ちるような気がします。

そして、誰かとの共感が愛であるなら、究極の愛といえばやはり究極の存在である神様との共感を得ることになるのではないでしょうか。

そう、愛とは神様と共感することなのです。だからこそ、神様は愛そのものだという考えも生まれてくるのではないでしょうか。

愛を得る、つまり神様と共感するには神様と同じものを見たり感じたりする必要がありますが、そうするためには他の人が周囲にいてはじゃまになります。そこで独りになって過ごす時間が大切になってくるわけです。この世界の中を1人だけで見つめることで、同じくこの世界を孤独に眺めている神様の視点に立って共感を抱くことができるようになり、愛を得ることができるのです。

実際にキリスト教カトリックの歴史ある修道院では、夢枕に立ったイエス・キリストから「愛の生け贄になりなさい」と言われた修道士が、修道院長の許可を得たあとに修道院を出て、険しい岩山の洞穴をねぐらにして独りで神様と向かい合う隠遁修行に入ります。

隠遁者と呼ばれるそのような修道士が日夜神様との共感を得ることで愛を体現している

ために、この世界の中に究極の愛である神様の愛があふれてくるのだそうです。まさに愛の生け贄と呼ぶにふさわしい生きざまではないでしょうか。

そのような隠遁者のおひとりがお生まれになったときの話は、まさに神様が奇跡を見せてくださったかのような不思議な物語として語り継がれています。ここで簡単にご紹介しておきましょう。

それは内戦が続いていたスペインでのことです。

ある村にあった軍隊の駐屯地の司令官は、身重の奥さんを遠くの町に残していました。ある日曜日の朝のこと、敬虔なカトリック信者であった司令官が、いつものように駐屯地から村の目抜き通りを歩いて教会に向かっていると、日曜日にも店を開いている肉屋を見かけました。店の中を何気なく見ながらとおり過ぎた司令官は、ふと気になって引き返します。店のドアを開けて中に入ると、外から見えたとおり、みすぼらしい服装の女性がでっぷりと太った肉屋の主人に頭を下げていました。

2人の会話を後ろで聞いていた司令官が理解したところでは、その貧しい女性はお金がなくてお肉を買うことができないため、古くなって捨ててしまう肉を少しだけ分けてもらえないかと頼んでいたのです。ところが、日曜日に教会にも行かずに店を開けるほど欲深い肉屋の主人は、まったく応じる気配はありません。

そこで、女性は肉屋の主人の代わりに教会に行って神様に愛の祈りを捧げてくるので、捨てる肉を少しもらえないかと提案しました。すると相手は、そんな金にもならないことをしてもらってもうれしくもないから、たとえ捨てる肉でもくれてやるわけにはいかないとまで言いのけるのです。

そんな守銭奴のような肉屋の主人の態度にがまんならなくなった司令官は、後ろからついに声を出してしまいます。

おいオヤジ、この女性がせっかく親切で代わりに教会に行ってくださるというのだから、ここは少し肉を分けてさしあげたらどうだ、と。

村の駐屯地の司令官に言われては、いくらあこぎな肉屋の主人でも従わざるを得ません。ところが、腹黒い肉屋の主人は悪知恵を働かせて応戦してきます。

「ようがす、隊長さんにそう言われたのではあっしも腹をくくるしかありません」そう言うが早いか、主人は女性にメモ用紙と鉛筆を渡して言いました。「おまえさんが教会で祈ってくれるという神の愛の言葉というのをその小さな紙に書いてみてくれ」

喜んだ女性が祈りのための愛の言葉をいくつか書きとめたメモ用紙を強引に取り上げた肉屋の主人は、勝ち誇ったような不気味な笑みを浮かべてこう言い放ったのです。

「あっしも男だ、ここは捨てる肉ではなくこっちの高い新鮮な肉をさしあげることにします。ただし、仕事に見合った分量ということにするのが公平ってもんでしょう。この紙に書いてある神の愛とやらの言葉と同じ重さの肉が、あんたのもんだ」

そう言いながら天秤ばかりの片方の皿にメモ用紙を置き、もう一方の皿には高級な肉の塊をこれ見よがしにかざしました。

司令官はまさに断腸の思いでなりゆきを見守ります。

その次の瞬間、司令官も我が目を疑ってしまう奇跡が起きました。

ドンと下がった天秤皿は、大きな肉の塊のほうではなく、なんと神様の愛の言葉を記したメモ用紙が載せられたほうだったのです！

一瞬何が起きたのかわからなかった司令官ですが、すぐに気持ちを取り戻し、肉屋の主人に向かって「おい、オヤジ、まだ紙のほうが重いようだからもっと上等な肉をたくさん載せてさしあげろ」と命令したそうです。

気が動転した肉屋の主人がおろおろしている間に、その女性は「私にはこの捨てる肉で

充分ですので、こちらを頂戴します」と言い残し、床のバケツに捨ててあった古い肉片を大切に持って店を出ていきました

司令官は「オヤジ、見たか。あれが神様の愛のお力というものだ。今後は少しくらい世のため人のためにに尽くしてみることだな」と注意して、少し遅れて肉屋の店を出ました。

教会に向かう道を見ると、しかし、その貧しそうな女性の姿はどこにもありません。

不思議に思いながら教会に入り、礼拝の間に見渡したのですがあの女性はどこにもいませせん。

あれほど代わりに祈ってくると言っていたのに、あの女性は最後まで教会の礼拝に姿を現すことはありませんでした。あそこまでの奇跡を見せてくれた人なのに、と残念に思いながら司令官が駐屯地に戻ると、遠くの町に残してきた奥さんからの手紙が届いていました。読むと、なんと天使のようにかわいい男の子が産まれたとあります。

それを読んだ直後、司令官はすべてを悟ることができました。内戦続きで神様の愛を疑う場面ばかりに接してきた自分に、やはり神様の愛はすばらしい力を持っているのだという事実をマリア様がお示しくださったのだ、と！

そのマリア様の愛に応えると決意した司令官は、そのとき生まれた男の子が12歳になると、マリア様を奉った古い修道院に入れ、一生涯を神様の愛のために捧げる修道士としたのです。

その男の子が後にイエス・キリストから「愛の生け贄になれ」と命じられる隠遁者になったのは言うまでもありません。

神様とは何か

このような奇跡の伝承は世界各地に多数存在し、僕個人が実際に経験したものや僕が信頼する方々から直接に聞いたものだけでも、一冊の本を編むことができるくらいです。

僕1人の周囲ですらそれほど奇跡に満ちあふれているのですから、世界中で起きた奇跡は半端な数ではないでしょう。

神様は私たちに奇跡を起こす力を授けてくださっている、いや、私たちのことを常に見守っていてくださりながら、必要なときには「神様の覗き穴」をとおしてこの世界の中に奇跡的な現象を実現させてくださるのです。

この世界のいたるところに「神様の覗き穴」があるということは、近代物理学の父、アイザック・ニュートンが大著『プリンキピア』に記していると、第1章でご紹介しました。

そこでは神様そのものについての記述もあります。

『プリンキピア』そのものを読むのは大変ですので、ここでは『プリンキピアを読む――ニュートンはいかにして「万有引力」を証明したのか？』（和田純夫著／講談社）からニュートンの言葉を2つ引用したいと思います。


――このような美しい体系は、英知と力を備えた神の考えと采配によって生じたものでしかありえない。

――神は主君としてすべてを統治する。（中略）神は永遠に持続する。（中略）神は仮想上の存在ではなく、実体的にも普遍的にも存在する。（中略）しかし神の存在から物体は抵抗を受けない。神の実体は知るよしもない。


では、そもそも英知と力を備えすべてを統治し永遠に持続する神様とは、いったい何なのでしょうか？　どのようなもので、どこに存在するのかを本当に知ることはできないのでしょうか？

ニュートンと同時代の哲学者ゴットフリート・ライプニッツは、神様の実体を明らかにする目的で、すべてがモナド（単子）と呼ばれる、それ以上分割できない実体からできている世界観を提唱しました。いわゆる『単子論（モナドロジー）』です。

ライプニッツはニュートンと同様に、微分や積分の概念を見出した数学者としても知られていますが、17世紀のことですから神様そのものをとらえるには、数学も物理学も現代に比べれば未熟な段階でした。

そのため、神様とこの世界との具体的な関連については、「神様の覗き穴」がこの世界のいたるところにある、というニュートンの直観以上のものを示すにはいたりませんでした。

その後、世界は近代から現代へと科学技術を進歩させ、特に唯物論的な考えが支配的となってしまった現代物理学の中では、神様というものは単に神話の中に登場するだけの絵空事として片づけられてしまいます。

そんな神様にとっての、いえ、私たちにとっての暗黒時代はつい最近まで続いていたのですが、ようやくそんな唯物論の暗闇に一条の光が射し込んできました。

それは、アメリカの有力な2人の理論物理学者によって提唱された、斬新きわまりない理論です。

ひとりは毎年ノーベル物理学賞の候補に挙げられる日系三世のミチオ・カク博士で、素粒子論の最先端理論とされる超弦（スーパーストリング）理論の専門家です。

そのカク博士が「**人はある知的存在が創造した法則の支配する世界に存在しているという結論にいたった**」と公表したのですから、その反響は決して小さなものではありませんでした。

カク博士はそれまでもアメリカ連邦政府に対して、国民に隠ぺいしてきたUFOや宇宙人に関する機密情報をすべて公開するよう裁判に訴え、上院と下院議会でのロビー活動を展開するなどしてマスコミにも登場することが多い、有名人でもありました。

時を待たずに、今度はコロンビア大学宇宙生物センター所長（2017年、現在）であるケイレブ・シャーフ博士が「**極小粒子の中に超知性を持つエイリアンが存在してこの宇宙のすべての法則を支配している**」と発表しました。

彼らの主張は要するに、「ある知的存在」や「超知性を持つエイリアン」が存在し、宇宙のすべての現象はそれらの存在により、物理法則にしたがった形になるようにコントロールされている、というものなのです。その根拠として「物理法則が美しい数学の方程式で表すことができること自体がその証拠である」、と彼らは語ります。

それぞれ「ある知的存在」と「超知性を持つエイリアン」を「神」と読み換えるならば、カク博士は「人は神が創造した法則の支配する世界に存在しているという結論にいたった」と、シャーフ博士は「極小粒子の中に神が存在してこの宇宙のすべての法則を支配している」と結論づけるにいたったことになります。

これは、17世紀にニュートンが『プリンキピア』で公表した考えとまったく同じ内容です。これがきっかけとなり、500年近くもの間、物理学者の心を支配し続けてきた唯物論の悪夢から、私たちはようやく目覚められるのかもしれません。

とはいえ、いくら影響力が大きい有力な物理学者の主張でも、そう結論づけるにいたった理論背景が明かされていない以上、単にニュートンの主張を掘り起こしただけと理解される可能性があります。

これでは、唯物論の牙城を崩すまでにはいたらないかもしれません。

彼らに続く形で、可及的速やかに理論的な裏づけを担保できる新しい基礎理論を築きあげる必要があると考えた僕は、幸いなことに、そのような理論がすでに１９６０年代に日本の理論物理学者によって提唱されていたことを思い出しました。

歴史上、日本人としてはじめてノーベル賞を受賞した（部門は物理学賞）湯川秀樹博士の**『素領域理論』**と呼ばれる基礎理論がそれです。僕は京都の大学院で湯川先生の『素領域理論』を研究していました。

この『素領域理論』については、第４章でくわしくご説明しますが、ここでは、素領域理論によって、「神様の覗き穴」がこの世界のいたるところに存在することが証明された、とだけお伝えしておきましょう。

といっても、『素領域理論』もまた、『超弦理論』と同じ素粒子論の基礎を与える理論として提唱されたもので、最初から神様や奇跡について解明する目的で作られたわけではありません。

しかし、そんな**『素領域理論』こそ、この世とあの世の構造を記述し、神様がいったいい**

かなるものなのか、また愛とは何か、奇跡的な現象はどのようにして生じるのか、ということを解明できる理論である、と気づくことができるのです。

その事実に僕が気づいたのは、人並みはずれた特異な体験をなさった人物に出会えたからです。その人物とは、第1章で少しだけご紹介した木内鶴彦さんです。

彼は、航空自衛隊で管制官として働くかたわら、新しい彗星を発見した天文学者としても知られています。

木内さんは、3度の臨死体験をとおし、あらゆる「神様の覗き穴」を覗くことに成功しました。それは、分子や原子といったミクロの世界から、宇宙規模のマクロの世界まで、また時代も場所もさまざまな「神様の覗き穴」です。

まずは、そんな木内鶴彦さんの冒険、いえ知的冒険談をご紹介することからはじめ、次章で湯川秀樹博士の『素領域理論』について見ていくことにしましょう。

彼ら日本人科学者のこれまであまり知られることのなかった努力が、ここにきてミチオ・カク博士とケイレブ・シャーフ博士の主張をバックアップする場面で大いに役立つのです。

どうぞ楽しみながら読み進んでいってください。

「神様の覗き穴」を渡り歩く魂の旅

木内鶴彦さんは、すでに3回も亡くなられた経験をお持ちですが、今もお元気で講演や啓蒙活動に東奔西走の日々を送っていらっしゃいます。「そんなバカな」と思われるでしょうが、本当のことです。

1回目は22歳のとき日本の病院で、2回目と3回目は中国の病院だったそうです。

1回目のときは病院の医師による死亡診断書も出され、駆けつけたご家族やご親戚が病室のベッドの周りで涙している最中に生き返ってしまいました。まるでゴルゴダの丘で十字架にかけられて処刑されたイエス・キリストのように、死んでから復活したのです。

木内さんは脈や呼吸、瞳孔反射もなく、心肺停止の状態が30分ほど過ぎたのち、主治医が死亡宣告をしました。それにもかかわらず、親族が泣きはらしている目の前で突如起き上がったのですから、集まった皆さんはさぞ驚いたにちがいありません。

しかし、その完全に死んだ状態の間に、木内さんの魂は天国へは行かず、あちこちの「神様の覗き穴」を覗きに行っていたのです。

まず、死んだ瞬間はどのようなものだったのか、それは大変興味深いお話でした。あるときそれまでトックン、トックン、トックンと動いていた心臓がトックンで終わったまま、どういうわけか鼻や口から息を吸い込むことができなくなったそうです。最初はアレッと思い、焦ったそうですが、それでも「なぜか空気が入ってこないなあ」という程度にしか思いませんでした。ところが、病室で待機していたご家族たちは「死んじゃった！」と大騒ぎしている。木内さん自身は意識もはっきりしているので、死んだと騒がれてもまったくピンとこなかったそうです。

息を吸わなくても別に苦しくなるわけでもなく、むしろ直前まであった床ずれの痛みが完全に消え去り、とても心地よい状態になっていました。てっきり元気になったのかと思い、足元のほうに立っていたお父さんに「親父、俺は大丈夫だよ」と声をかけながらベッドの上で上体を起こしたそうです。

ところが、お父さんはふさいだ表情のまま無言で木内さんを見つめているだけでした。

変だな、と思っているうちに気づいたそうですが、お父さんは木内さんとまったく目を合わせず、その視線はなぜか木内さんのお腹に向いたままだったのです。

「いったい親父は何を見ているんだ」と、木内さんは上体を起こしベッドの脇に足を出して、お尻を持ち上げようとします。そのときはじめて、木内さんは自身の身体がベッドの上に横たわっているのを見たそうです。

　木内さんの魂は身体を離れ、外から自身の身体を眺めたわけですが、のちにそのときのことをお聞きすると「何か不思議な感じがした」と語っていらっしゃいました。

　身体から離れてもなお意識があったので、木内さんは身体をジッと見つめているお父さんのそばに行って「大丈夫だよ」と言おうとしたそうです。すると、なんと一瞬のうちにお父さんの身体の中に入ってしまいました。

　そうなったことがわかったのは、お父さんの目線からベッドに横たわったままのご自分の姿を見ていたからです。それを理解したとき、木内さんは「親父に取り憑《つ》いてしまった、まずい！」とお父さんの身体の外に出たのですが、出るときに「俺は大丈夫だ」と言い残しました。

　のちに、お父さんがそのときのことを「お前が死んだとき、『俺は大丈夫だ』というお前の声が聞こえた」と話してくださったそうです。

さて、無事お父さんの身体から出ることができた木内さんは、病室を見渡して、お母さんの姿がなかったことに気がつきました。

「あれ、どうしたのかな」とお母さんのことを思った瞬間、木内さんの目の前にお母さんが現れました。正確には、病院の玄関にあった公衆電話で訃報の電話をかけようとしていたお母さんのすぐ脇に移動していたそうです。

大きな病院にもかかわらず、自分の病室から離れた場所にある玄関まで瞬時に行くことができた――。これは、驚くべきことです。

その後、今度は病室のことを考えたら、これまた一瞬で病室に戻ることができました。そこでは、大勢の医師や看護師たちが必死で木内さんの蘇生を試みていました。

医師たちに遮られ、自分がどうなっているのかを確認できなかった木内さんは、ふと「2人のお姉さんはどうしているのか」と思いつきました。その次の瞬間には、今度はお姉さんたちが乗っている車の中にいたそうです。

義理のお兄さんが運転し、2人のお姉さんが後部座席に座って木内さんの死について話し合っていたのを、お姉さんたちの間に挟まってしばらく聞いてから、再び病室のことを思ったらまたそこに戻っていました。

周囲の人々の様子をぼんやり眺めていると、不思議なことに、ふと子どものころの思い出が頭に浮かんできたそうです。

そのとき、幼い木内さんは隣が崖になっている千曲川《ちくま》の河岸で遊んでいました。するとと誰かが大声で「危ない！」と叫んだそうです。木内さんはその声に反応して、とっさにその場から逃げました。すると、元いた場所へ崖の上から岩が落ちてきたのです。危険を知らせる声のおかげで事なきを得ましたが、あのとき「危ない！」と叫んでくれた人が誰だったのかわからず、大人になってからもずっと気になっていたそうです。

その出来事のことを思い出した瞬間、彼はいきなりそのときの千曲川の崖の斜面に座っていました。

木内さんは、「たしかこのあたりから声が聞こえたはずだ……」と思いながら、お姉さんと一緒に崖の下を歩いている、幼い自分の姿を眺めていたそうです。

次の瞬間、崖の上から岩が落ちそうになったのが見えたため、反射的に「危ない！」と叫びました。

すると、まるでその声が届いたかのように、子どもの木内さんがその場から逃げていきました。それは記憶している自らの思い出と同じ光景でした。

そう、大人になってからもずっと気になっていた、あのとき「危ない！」と大声を出してくれた人は、**実は未来の自分自身**だったのです！　まるで映画のような話ではありませんか？

こうして、**死んだ状態では、自分が思い描いた場所や過去に瞬時に移動することができる**ということを理解した木内さんは、今度は少しだけ未来のことを思ってみることにしました。

心に思い浮かべたのは18年後の未来で、木内さんは40歳になっている計算でした。

やはり、一瞬で魂は未来へ飛びました。

そこは18年後の高野山で、アジア各国の留学生たちが参加する、国際学会の最終ゼミでした。木内さんは、40歳になった自分が留学生たちに講演しているのを見たそうです。

壇上に見える木内さんはグレーのシャツを着ていました。しかし、実際に18年後、木内さんが高野山でのフォーラムに招かれて講演したときに着たのはグリーンのシャツでした。

シャツの色が死亡体験時に見た色と異なり、「アレッ?」と思ったそうですが、講演をする寺院の部屋に入っていくと、そこは蛍光灯のみの照明だったために、グリーンのシャツがちゃんとグレーに見えたそうで、木内さんは大いに納得されたのでした。

このように時空を超えて旅をすることができるのは、木内さんが知らず知らずのうちに、数多くある「神様の覗き穴」を自由に変えていたからです。

神様ご自身がこの世界を眺めるために作られたのが「神様の覗き穴」です。しかし、魂の段階になれば、私たち人間も神様と一体になり、好きな時、好きな場所、好きな視点から自由に覗き穴を選ぶことができるのだ、という真実がわかりました。

ピラミッド建造の謎を解く

こうして、木内さんはときどきは病室に戻り、天国からのお迎えがきていないかチェックしながら、過去・現在・未来の世界を魂の形で眺めていたそうです。

そんな木内さんが若いころからずっと興味を抱いていたことのひとつに、世界の七不思議「**ピラミッドはどのようにして造られたのか**」ということがありました。

木内さんは「せっかく時間も場所も自在に行き来できるのだから、この機会に見ておきたい」と考えたそうです。

定説では、ピラミッドは４０００年前に造られたことになっていました。さっそく４０００年前のエジプトはカイロ近郊のギザに思いを馳せたところ、そこにはすでに大ピラミッドの完成した姿がありました。

ならば、ということで、５０００年前、６０００年前とさかのぼっていったところで、やっと建設途上の大ピラミッドを見ることができたそうです。

ところで、木内さんがこういう話を講演会などでなさるときに、聴衆の中に科学者気取りの人が紛れ込んでいて、得意げな顔で「死んで魂だけになって過去から未来までどこにでも行けるということを仮に認めたとしても、どうやって４０００年前だの、５０００年前だのと判別しているのだ！」と異論を唱えてくることもあるそうです。

いくらきちんと説明しても、天文学の深い知識がない人にはなかなかわかってもらえないそうですが、自分が今どの時代にいるのか、ちゃんと判別する方法はあるのです。それも、いたってシンプルな。

幸いにも僕は大学が天文学科だったために、普通の理系の人たちよりは木内さんの説明を理解するための素養を多く備えています。自分が今、地球創生から何年後を生きているのか——、それを判別する方法を、ここで簡単に解説しておきましょう。

夜空に輝いている星々の中で、星座に分類されている大多数の星は恒星《こうせい》と呼ばれ、地球のように太陽の周囲を回る惑星《わくせい》とはちがって、天球の中で動かないでじっとしている、と中学校の理科などで教わったと思います。

ところが、10年や20年単位では動かなくても、100年や200年単位ではほんのわずかだけ動き、1000年や2000年もすれば、かなり動いているということがわかっています。これを天文学の専門用語では恒星の固有運動と呼び、どの恒星がどの方向にどれくらいの割合で動くのかは詳細に調べられているのです。

天文少年だった木内さんは中学校のときに、北斗七星《ほくとしちせい》の7つの恒星の固有運動について研究していました。

固有運動を考慮し、1000年前、2000年前、3000年前、……と過去に向かっては1万年前まで、そして未来は1万年後まで、1000年きざみで北斗七星のひしゃくの形がどうなっているかを計算して図示していたのです。

そしてこれを夏休みの自由研究として提出したとのことでした。中学生でこんなことを計算するくらいですから、北斗七星の形を見れば、自分が今、どの年代にいるのか、木内さんには明確にわかるのです。

建設中のギザの大ピラミッドを思った木内さんはまず、北の夜空に輝く北斗七星を探しました。その形を中学校のときに計算で求めていた形と照らし合わせることで自分が今いるのは6000年前だとわかったわけです。

さて間違いなくピラミッドの建設時代にやって来たとわかった木内さんは、建設現場を眺めて驚きました。

なぜならそこには、**エジプトの王家の谷にあるファラオの墓の内部や、エジプト王朝時代、各地の神殿のレリーフで描かれている、頭は犬や鳥で身体が人間と同じような姿をしたエジプトの神々が本当に存在していた**からでした。

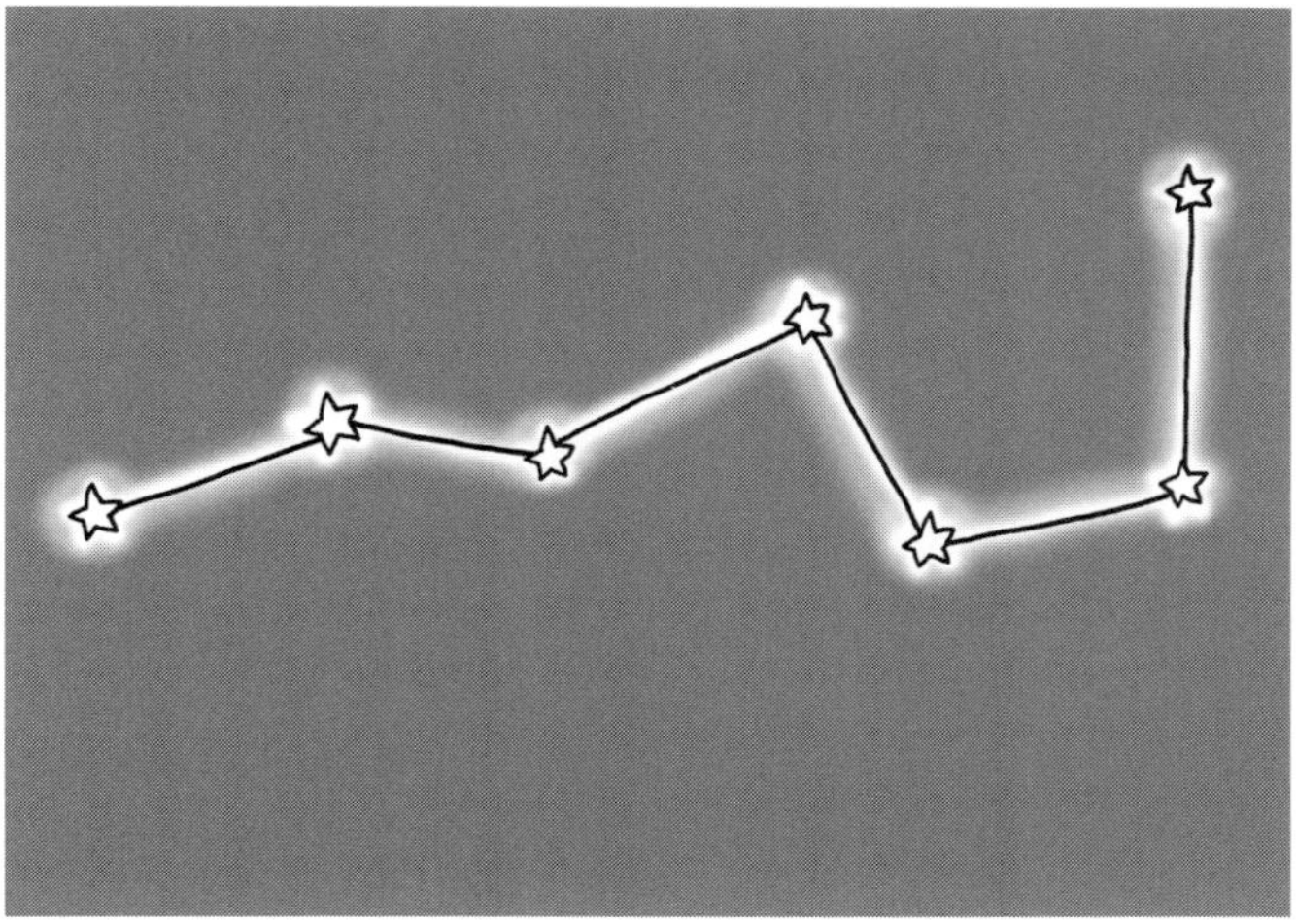

そればかりか、彼らは粗末な服を着た大勢の人間を集め、それらの人間をピラミッド建設にあたらせていたのです。

どうやらそれらは神々ではなく、他の星から地球にやってきてさまざまな文明を人間に教えてくれた宇宙人のようでした。

大きな宇宙人の指示で、人間たちが地面に開けられた5メートル立方程度の大きさの四角い穴に水を流し込み、そこに砂を少し入れた後、宇宙人が試験管のような透明な容器からわずかの薬品を垂らしているのが見えたそうです。

いったいどうなるのか注目していたところ、四角い穴の中身が単なる水ではなく砂と同じ色の発泡スチロールのような塊になったところで、宇宙人に命じられた人間たちが４人ほどでその大きな塊を軽々と持ち上げて運んでいます。見るかぎり軽石よりもずっと軽そうで、４人で斜面を上っていって所定の場所に整然と積み上げていきます。

さらに注意して積み上げられた塊の細部をスケールダウンして見ていると、水の分子の周りに炭素やシリコン（ケイ素）や窒素などの原子が集まっていき、時間が経つにしたがって軽石や発泡スチロールの塊のようなものは荒削りの花崗岩《かこうがん》になっていったのです。こうして底辺の部分から大きな四角い花崗岩が積み上げられたピラミッド構造が完成しました。

最後に、ピラミッドの頂上から順番に、大理石のような白い石板を岩の表面に貼りつけていきます。

こうしてギザの大ピラミッドの建造方法を確認することができた木内さんは、それが宇宙人の指示によるものだった、ということ以外の部分にはなるほどと納得し、また当時のエジプトでは宇宙人の介入によって文明が発展していったという点については理解が追いつかないまま、病室に戻っていったのです。

すると、まだ天国からのお迎えがきていなかったようなので、今度はかなり先の未来に行ってみることにしました。すると、これまではどんな時代のどこに行っても場面は明瞭に見えていたのに、そのときだけはなぜか二重写しのようにぼやけて見えたそうです。

なんとか工夫して見てみると、そのダブっていた場面は、一方がどこまでも荒涼とした生命のない地上が不気味な黒雲の下に広がっているもので、もう一方は青空の下に地平線まで広がっている緑の野原に子どもたちが楽しそうに遊んでいるというものでした。しばらくはその意味がわからなかった木内さんも、最後にはフッと腑に落ちるものがありました。

つまり、過去のことや数十年程度先の未来のことは、世界がどうなっているのかが確定しているため、魂の形で行ってみたときにははっきりと見えるのですが、**数百年先の未来となるとまだ確定していないために、可能性のある様子が二重写しや三重写しになって見えると思われたのです。**

木内さんが見た世界が、荒れ果てて生命がいなくなってしまった悲惨な世界と、緑の中で子どもたちが遊んでいる豊かな世界の二重写しになっていたということは、今に生きる私たちの努力や怠慢によって地球の未来がこれら2つの可能性の間で揺れ動くということにちがいありません。

そんな重大なことを知ったころから、それまであった自分という感覚がだんだんと薄れていき、もともとあった1つのものに溶け込んでいってしまうようになると直感したとき、不意に消えかけていた自分が病室に強く引っ張られていき、そのまま木内さんの身体の中に飛び込んでしまったそうです。

そして、気がつくと再び身体を伴った木内鶴彦に戻っていて、死ぬ前のように手足を動かすことや床ずれの痛みを感じることができ、さらに呼吸もできていたのです。

これが、木内さんの最初の死亡体験でした。

生命誕生の謎を解く

木内鶴彦さんが2回目に死んだのは55歳のときです。

中国に行かれたときに肝静脈破裂で肝不全に陥って、手術で脾臓《ひぞう》も除去されたあげく肝臓移植が間に合わなかったそうです。そのときは2回目だったので落ち着いていて、まず少し未来のご自分を見てみたらちゃんとこの世で社会生活をしていたので、「あ、これならまた生き返ることができるんだ」とわかったそうです。

それで、1回目には見忘れたところをしっかり見てこようと、木内さんは**40億年前に地球上ではじめて生命が誕生した現場**に行ってみることにしました。

生命誕生についての現在の学説としては、旧ソビエト連邦の生物学者アレクサンドル・オパーリン博士の仮説の延長にある考えが優勢です。

それは、40億年ほど前の原始地球環境において、海中にあったアミノ酸が落雷による電気エネルギーにより重合《じゅうごう》し、タンパク質分子が合成されたことからはじまるとされているものです。

魂となり、その瞬間をミクロのスケールで海中から眺めてみようと考えた木内さんは、海岸に打ち寄せる波で造られた無数の泡の中にアミノ酸などの有機高分子が入り込んで攪拌《かくはん》されている様子を確認し、ひたすら雷が落ちてくれるのを待っていたそうです。

ところが、いつまで待っても、雷など当時の原始地球ではどこにも発生しなかったのです。

このことは、科学者が陥ってしまう常識の落とし穴として記憶にとどめられなくてならないのですが、現在の地球環境で雷が頻繁に海に落ちているからといって、それをそのまま40億年も前の原始的な地球環境でも同様のことが起こっていると仮定するのは、浅慮に過ぎると言わざるを得ません。

しかし、理論上はなんらかの電気的エネルギーによってアミノ酸が重合してタンパク質が合成されないかぎり、原始的な海の中に生命が誕生することはできないのです。

落雷が望めないとしたら、いったいどんな電気的エネルギーが海の中に流れ込むというのでしょうか？

ミクロのスケールで原初の海中を眺めながら、木内さんはいろいろな可能性を頭に思い描きつつ、生命誕生の瞬間を待ちます。そう、魂になってしまったならば、原子や分子の反応を原子の視点から見ることさえできるのです。

このことは、後で再び触れることになるのですが、**「魂になるということは神様に戻るということ」だとすると、この世界の中のいたるところにある「神様の覗き穴」のすべてを利用することができる**ことになり、さらには**原子や分子のミクロなスケールにおいてもいたるところに「神様の覗き穴」がある**ということを暗示しています。

ともかく、40億年前の原始地球環境には落雷現象はありませんでした。

では、それ以外にどのような電気的エネルギーが海中のアミノ酸を重合させるのに利用できるのでしょうか。

木内さんはさまざまな可能性に考えを巡らせながら、海中をミクロのスケールの視点で探っていきました。

そのとき、岸に近い海底の岩肌に接している泡の中でタンパク質が合成されていることに気づいたのです。急いで近づいてみると、その岩からは放射線の1つであるβ《ベータ》線が放射されていました。

β線というのは放射性物質から高速で放出される電子の集団であり、金属導線の中を流れればそのまま電流となるもので、電気的エネルギーを持っていることは明らかです。

そう、地球で最初の生命は、なんと海底にある放射性物質から出ていた放射線によって生み出されていたのです。

木内さんのこの貴重な発見は、それまでの生命科学者たちが抱いていた、生命に対する放射線の危険性についての見方を、根底からくつがえすインパクトを持っています。

ですが、残念ながら多くの人たちは、今回もまた天文学についての深い知識がなかったためにはなから信じようとはしませんでした。

なぜなら、原初の地球に放射性物質でできた岩がゴロゴロ転がっているとは、誰も思えなかったからです。

しかし、今の地球環境でそのような放射能レベルの高い岩が海底には存在しないからといって、それをそのまま40億年前に当てはめても同じとは限らない、というのは先の落雷のお話でお伝えしたとおりです。

天文学科を出ていた僕は、木内さんからその話を聞いたとき、なるほど木内さんは本当のことを見てきたのだと確信しました。

太陽、そして太陽の周囲を回る地球や他の惑星、それにこの宇宙の中の他の星々のすべてが、第二世代の星と呼ばれている天体ということで理解できることなのです。

この宇宙が137億年前に生まれたとき、最初はいちばん軽い元素である水素だけが存在し、その水素の雲が万有引力で集まって水素ガスの塊ができ、中心部で核融合反応が起きて光を放ちはじめた恒星がたくさんできます。

第一世代と呼ばれるそれらの恒星の中では、水素からヘリウム、ヘリウムからリチウムというように徐々に重い元素に融合していきます。最後には、ウラニウムやストロンチウムなどといった放射能を持った重金属ばかりになって、それ以上核融合反応を起こすことができなくなると、巨大な恒星自身の重さで自らがつぶれてしまい最終的には超新星爆発を起こして放射性元素まみれの物質を宇宙の中にばらまいてしまいます。

これで第一世代の星々が終焉《しゅうえん》を迎えたことになります。

その後、宇宙には強く放射能汚染された、さまざまな物質が漂っている状態が続きます。そして、その放射能汚染物質が再び万有引力で引き合って集まり、大きな塊になるのです。その中心部で核融合反応が起き、光を出すようになって恒星が生まれます。

こうしてできあがったのが第二世代の星々であり、私たちの太陽も第二世代の星の1つです。その太陽が生まれるときに、小さな塊にしかならなくて発光はできなかった星が、地球をはじめとする惑星なのです。

ですから、今から47億年前に地球が生まれたとき、その材料は第一世代の星々が最後に超新星爆発を起こしてまき散らした放射性元素まみれの汚染物質だったことになります。

ということは、原始的な地球環境は、地底からも海底からも大量の放射線が出続けていたはずです。それが7億年ほど経過した今から40億年前くらいになると放射能もかなり弱まってはきますが、それでも現在に比べれば１００万倍以上もの強さの放射線が岩石から出ていたと考えられます。

海岸近くの海底にあった岩から出ていたβ線にしても、そのような強さのものであれば、アミノ酸を重合させるに足る電気的エネルギーを海水中に供給できたわけです。

これが、木内さんが2回目に死んだときに見てきてくださった、原始地球環境で生命が誕生する元になるタンパク質が生み出されたときの様子です。

宇宙誕生の謎を解く

木内鶴彦さんは、2回目の死からもまた生還できたのですが、なんとその2週間後に再び中国の病院で心肺停止になってしまいます。これが3回目の死亡体験で、もう3回目となったら魂の旅もベテラン中のベテランですから、かなり余裕があったそうです。

やはり数日後の未来に行ってみたら自分の葬式もお通夜もなかったので、今回も無事に戻れることを確信します。

その上で、今度はやはり天文学者としては最も知りたかった、**この宇宙がどのようにしてできたのか**ということを見てこようと決意します。

現在いちばん有力視されている学説では、今から137億年前に、何もない「無」の状態からこの宇宙が生まれ、その後ビッグバンと呼ばれる急激な膨張を経て、現在もどんどんと大きくなっているということになっています。

しかしながら、宇宙が生まれる前に何があったのか、どのようなことがあったためにこの宇宙がこのような形に造られることになったのかについては、まったくわかってはいません。

ですから、木内さんでなくとも、純粋な好奇心を失っていない天文学者や物理学者であれば、誰もが宇宙開闢の瞬間を目撃したいと願うのは当然のことです。

そこで、死んでから魂の状態になった木内さんは、宇宙が生まれる少し前、今から138億年前までさかのぼってみることにしました。

行ってみると、案の定そこには何もない、つまり魂ですらまったく何も認識することができないところだったそうです。それで、やはり今の天文学の定説どおりに、宇宙は何もない「無」の状態から生まれたのかと思い、木内さんはともかく137億年前の時点になるまで、そのまま何もないところに漂っていました。

すると、まだ何もない状態のままのときに、やはり何も見えないままだったのですが、なんとなく**ある感覚**がかすかに伝わってきます。

それは、強いて表現すれば「**退屈で死にそう**」というか、「**ものすごくつまらない**」とか「**ハプニングがほしい**」という、まるで中世の宮廷生活に辟易《へきえき》している貴族のような気持ちでした。

いったい何がどうなっているのか気になった木内さんは、ご自分の感受性を最大限に高めて、その何もないところを凝視《ぎょうし》してみます。

すると、それまではあまりに完全に均一な状態だったために何も見えないと思っていたところに、**実は完全なる調和が存在していた**ということがわかりました。

そう、**私たちの宇宙が生まれる前には完全調和のみがあった**のです。

そこには想定外の状況は絶対に生じませんし、何かのトラブルで異常な事態が発生するというハプニングも存在しえないのです。ようするに、非の打ちどころがない、パーフェクトな存在が完全調和に他なりません。

宇宙開闢前には、そんな完全調和のみが存在していたのですが、それは旧約聖書にある「エデンの園」にたとえられるものです。調和に満ちたエデンの園から禁断の果実を口にしたアダムとイブは追放されてしまいます。そして、混沌《こんとん》としたこの地上の世界に生きていくようになった、というのは聖書に書かれているとおりですが、実際にこの宇宙が生まれたのにもこれに似たような背景があったのです。

今から137億年前よりも以前の時点に行った木内さんがそこに見出したものは、完全調和という存在で、木内さんはそれが「サムシンググレート」とか「神様」などと呼ばれる存在だと直感します。

しかし、その完全調和である神様が「退屈で、退屈で困りはてている」のも事実でした。人間だって、たった1人で部屋に閉じこもっていれば退屈で死にそうになります。人間ならばテレビでもつけて、ドラマや映画を見たりして気を紛らわせることもできるのでしょうが、完全調和の神様の場合にはそうはいきません。

あらゆることが整然と決められたとおりに動いていく様子を眺めたところで、そこにはなんら面白味を感じ取ることも、感動することもハラハラドキドキすることもできないのです。うまくいかないことや苦難を乗り越えていく場面を見ることで、はじめて退屈さを払拭することができるのですから。

そして、完全調和の神様もついに行動に出てしまいます。それが今から137億年前のことで、**木内さんが見ている前で神様がその完全調和の一部を壊しはじめた**のです。このとき、完全調和が壊れたところこそが、宇宙と呼ばれるものとなります。そう、宇宙開闢の瞬間です。

私たちの宇宙は完全調和の神様の一部で、その完全調和が壊れた部分に他なりません。

第1章の冒頭、「神様の覗き穴」はスポンジの穴のように無数にあり、その穴の集合体が「この世」で、その穴以外の部分が「あの世（神様の世界）」である、とお伝えしました。

そう、あの世こそ、木内さんが見た、完全調和がとれた神様の世界だったのです。

木内さんは完全調和のあの世を旅しながら、その壊れた穴の部分である「神様の覗き穴」を好きなように覗いていたわけです。

宇宙の中では完全調和が壊れているために混沌が支配している世界として生まれたと考えられます。

旧約聖書の創世記にも書かれているとおり、神様がこの世界を創造されたときには、まず混沌があったのです。その記述がある意味正しかったということも、こうして木内さんの死亡体験によって確かめられたことになります。

完全調和である神様は、その完全調和の一部を壊して宇宙というものを創造し、その宇宙の中に繰り広げられるさまざまな混沌とした現象やハプニングの連続を眺めることで、退屈きわまりない状況から脱出することができたのです。

宇宙の中をより複雑におもしろくしていくために、神様はその後、この宇宙の中に「まず光あれ」と言って光が存在するようにし、順次さまざまな物質が存在するようにしてきました。そして、宇宙の中での出来事を「神様の覗き穴」を使って眺めながら、楽しんでいくわけです。

これは旧約聖書の創世記にある宇宙創造の場面ととてもよく呼応します。もちろん、神様という表現に違和感をお持ちの場合には、どうぞ「普遍意識」でも「サムシンググレート」でも、なじみのある用語に置き換えてください。

これが、木内鶴彦さんが3度目に亡くなられたときに、魂の形で見てきてくださった、私たちの宇宙が誕生したときの様子です。

これは、天文学や物理学におけるなんらかの仮説の上に理論的に組み上げられたものではなく、木内さんが実際にその現場を見てきてくださった事実の記述であって、真実を物語っている以外の何物でもないということを心に留めておいてください。

第4章

物理学者が証明する「神様の覗き穴」

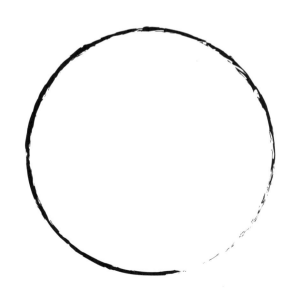

若き日の『素領域理論』

さあ、いかがでしたでしょうか？　3回も死んで生還した木内鶴彦さんが体験した、この究極の知的大冒険の数々を直接聞かせていただいたとき、僕は今から137億年前にこの宇宙が生まれた理由にはじめて気づくことができ、さらにはこの宇宙を創造した神様は完全調和という存在だと知らされたのです。

それだけではありません。原子や分子のミクロのスケールから宇宙全体のマクロなスケールにいたるまで、この世界のいたるところに「神様の覗き穴」があり、木内鶴彦さんのように**死んで神様に戻った人間は誰でもその「神様の覗き穴」から自在に、この世のどんなスケールでの出来事であっても垣間見ることができる**のです。

しかも、時間の流れを超えて過去や未来のあらゆる場面に立ち会うことができる、という事実にも触れさせていただけたのです。

長々と木内さんからお聞きした話を書き連ねてしまいましたが、これでもかなり割愛したものです。木内さんのお話は1人でも多くの方に知っていただきたいので、これらのお話を伺った対談をまとめた2冊の本『あの世飛行士』と『あの世飛行士・予約フライト篇』（ともに木内鶴彦・保江邦夫共著／ヒカルランド）をお読みいただければ幸いです。

現代物理学のその他の基礎理論で、木内さんが調べてきてくださった、私たちの宇宙が生まれた現象を記述できることはできるのでしょうか？

答えは、かろうじてイエスです。

なぜなら、日本で最初にノーベル賞を受賞した、理論物理学者である湯川秀樹博士が提唱された『素領域理論』が唯一、それを記述することができるからです。

『素領域理論』であれば、木内さんが見てきた完全調和の中でこの宇宙が完全調和の壊された部分の集まりとして生み出されることからはじめ、この宇宙の中に繰り広げられる物質現象が量子論などの現代物理学で見出された法則に従っていることまでも解明できます。

ただし、１９６０年代に提唱されたときでさえ、物理学界はそれを黙殺しました。半世紀後の今では、『素領域理論』という名前さえ知らない物理学者がほとんどです。物理学の歴史の中ではほとんど忘れ去られてしまったため、もはや二度と日の目を見ることはないと思われました。

それがここにきてリバイバルのステージにあがることになったのは、木内さんから直接に死亡体験のときの貴重なお話を聞かせていただいたこの僕が、実は京都の大学院で湯川先生の『素領域理論』を研究していた変わり種だったからに他なりません。

若き日々、指導教官や先輩たちの猛反対を押し切ってまで、僕は真剣に『素領域理論』の研究に打ち込んでいました。

ところが、その後スイスのジュネーブ大学に職を得てからは『素領域理論』以外の分野の研究に移ってしまい、僕自身でさえあの青春のもっとも多感な時期を捧げた理論について振り返ることもありませんでした。

ですから、木内さんの話を聞いたとき、すぐに『素領域理論』のことを思い出したのかと言うと、お恥ずかしいことですがそうではありません。せっかく『素領域理論』でしか理論的なフォローができない貴重な宇宙開闢のシナリオを教えていただけたというのに、そのときには単に「すごい話だ」としか思えていなかったのです。

そのため、自分が研究していた『素領域理論』のことなど、頭にはみじんも浮かんできませんでした。

おそらくは、無意識の中で木内さんから聞いた宇宙開闢の話と『素領域理論』がブレンドされ、熟成されていくための時間が必要だったのでしょう。そして、熟成が終わったのが、今から3年前の9月でした。

その日、僕は本当に久しぶりに京都大学の北部構内の前を東西に走る今出川通りに、白川通りから車で入っていきました。

ちょうど湯川先生の前で『素領域理論』についてのセミナーを2回やらせていただいた基礎物理学研究所を遠くに望んだとき、湯川先生がお昼にはきつねうどんしか召し上がらなかったことを思い出して、当時のことが急に懐かしくなってしまいました。

御所の西にある会場で学会があり、招待講演を頼まれていたためにそのまま車を走らせたのですが、会場に到着してからも僕の魂は、あの若き日をさまよっていたのかもしれません。

僕の中で、招待講演の内容を変更し、あの若き日に打ち込んでいた『素領域理論』について話したいという想いがあふれ出てきました。

招待講演の直前、会長に「講演内容をあらかじめお知らせしていたものとちがうものにしてよいか」と尋ねました。

不意なことで表情が硬くなったかに見えた旧知の会長は、しかしすぐに笑顔を見せて「まあ、先生にはいつも驚かされていますが、きっと予定よりも大切な内容になるのでしょうから、どうぞお気持ちのままに」と応えてくれました。

そうして講演がはじまりました。僕自身驚きだったのですが、何も準備していなかったにもかかわらず、確信に満ちた言葉ばかりがあふれました。

講演で、湯川先生の『素領域理論』を用いることで、愛や神といった形而上学的な概念まで物理学の中で論じることができるようになると豪語していたのです。

ただ、そのときもまだ熟成が完全だったわけではありません。『素領域理論』によって木内さんに教わった宇宙誕生のシナリオを記述しようという気持ちにいたるためには、さらに2年ほど無意識下での熟成を待たなくてはならなかったのですが、これもまたある日突然に、神は仮の形でやってきました。

あの世とこの世をつなぐ『素領域理論』

それは、お盆を迎えるために我が家にお寺の和尚さんが御灯明をあげにきてくださったときのことです。毎年この時期にはかならず寄ってくださるのですが、このときもいつものように仏壇に向かってお経をあげていただいたのちに、茶菓でねぎらいながら談笑をはじめました。

ところが、その日は雑談にはなりませんでした。真剣な表情の和尚さんは、一檀家の僕が理論物理学者だということを知りながらある質問をしてこられたのです。

なんでも、京都にある日蓮宗の本山の教学部から年に数回ほど指導書が届くらしいのですが、つい最近送られてきた内容が消化不良となっていて困っているとのことでした。

その指導内容というのは、これまでの寺の住職は檀家の皆さんがお亡くなりになる前後で成仏のお手伝いをするのが主な務めだったが、これからはそれに加えて皆さんが現世成仏できるようにお助けできるようにならなくてはいけないというものだったのです。

そして、和尚さんが困っていたのは、これまで「死んでから三途の川を渡って西方浄土に行くのが成仏だ」と檀家の皆さんに話すときなど、あの世である極楽浄土ははるか遠い宇宙の果てのその向こうにあるというイメージで納得してもらえたそうです。

ところが、今度は「現世成仏」のお手伝いということになると、「この世に生きながらあの世で成仏するということが可能だ」と皆さんに理解していただかなくてはなりません。そのためには、あの世が気の遠くなりそうなくらいに遠い、この宇宙の果ての先にあるというのでは、どうも説得力に欠けてしまう。

そう考えた和尚さんは、もし本当に現世成仏ということが可能なのであれば、あの世はこの世のすぐそばにあって、たとえば両手の指を互いに組むように絡めたときに、左手の五指があの世で右手の五指がこの世となっているようなものではないかと気づいたそうです。

ところが、この宇宙がそんな奇妙な構造になっているなどという話は聞いたこともなかった和尚さんは、「あくまで素人考えなのだけれども……」と念押ししながら僕に問いかけてこられました。

「私が考えた、**この世はあらゆるところであの世に接している**、などということは、物理学の中ではまったくの荒唐無稽《こうとうむけい》なアイデアなのか、あるいは少しは意味のあることになるのでしょうか」と。

ある意味ではこの和尚さんも強運の持ち主だったと言えるでしょう。もし僕以外の物理学者にそんな質問を投げかけていても、相手にしてもらえる可能性は限りなくゼロに近い、それどころか、逆鱗に触れる可能性だってあったでしょうから。

和尚さんが質問を投げかけたのは、よりによって、その質問に対してまともに答えられる世界中でたった１人の物理学者だったのです。


縦糸と横糸のように交互に組まれた和尚さんの両手の指を見た瞬間、僕の脳裏をあの青春の日々をかけて打ち込んでいた湯川秀樹先生の『素領域理論』がかすめたのです。

なるほど、物理学の基礎理論多しといえども、この和尚さんが直感で得られた、この世はあらゆるところであの世に接していると理解できる宇宙の構造を提唱できるのは、そういえば『素領域理論』だけだ！

直後、一瞬のうちにすべてを悟った僕は長いブランクがあったにもかかわらず、『素領域理論』によってあの世とこの世を物理学の言葉で理解するだけでなく、木内鶴彦さんが3回目の死亡体験のときに見てきてくださった宇宙開闢のシナリオまでも記述できることに気づくことができました。

そして、興奮気味の僕は和尚さんに向かって、答えたのです。

「ノーベル賞を日本人ではじめて受賞された、理論物理学者の湯川秀樹博士が晩年に提唱された『素領域理論』を持ち出しさえすれば、宇宙開闢のときから現在にいたるまで、この世の空間がいたるところで常にあの世に密に接している宇宙の構造が存在することになります」

これを聞いた和尚さんは、もちろん『素領域理論』というはじめて耳にする物理学の基礎理論に飛びつき、ぜひとも平易な言葉で説明してほしいと依頼してこられました。

ということで、あの世からこの世がどのようにして生まれたのかを、『素領域理論』を用いて木内さんが実際に見てきた現象を即興でお話しすることになったわけです。その内容は、次のようなものになりました。


この宇宙が生まれる前には、完全調和のみが存在していました。

完全調和というのは物理学の言葉では完璧な対称性がある状態のことですが、数年前にノーベル物理学賞を受賞したのは、このような完璧な対称性が自発的に破れてしまう現象を理論的に解明した南部陽一郎《なんぶよういちろう》博士でした。湯川秀樹博士のお弟子さんのおひとりです。

この理論は『自発的対称性の破れ理論』と呼ばれ、現代物理学のほとんどすべての分野に基礎を与えるものですが、宇宙開闢前に存在していた完全調和にもこれをあてはめることができます。

一部で自発的に完全調和という対称性が壊れてしまうことになるのですが、その完全調和が壊れた部分のそれぞれを「素領域」と呼ぶことにします。

そして、その素領域の集合体が私たちの宇宙空間に他なりません。

つまり、**空間の最小構成要素として完全調和の中に自発的に生まれたものがそれぞれの素領域であり、それら無数に生まれた素領域の集まりが宇宙**なのです。

それぞれの素領域の広がりは10のマイナス35乗から37乗分の1センチメートルくらい小さく、その中に電子やクォークなどの素粒子が1個入るのがやっとという極微のスケールになっています。

ですから素領域をそのように微細な泡だと思えば、その集合体であるこの宇宙空間はビールのジョッキにあふれる白い泡のかたまりのようなものになります。

ところが、このようなビールの泡のかたまりと見えるものも、実はそれぞれの小さな泡と泡の間にビールの液体があることで全体として1つの泡のかたまりになっているのです。

素領域の言葉に換えれば、それぞれの極微の素領域と素領域の間に完全調和の部分があることで、全体として1つの宇宙空間というかたまりになっていることになります。

素領域の内部、つまり完全調和が自発的に破れたところの集合体がこの世としての私たちの宇宙空間になるのです。

そうするとこの世は、完全調和の部分から遠くに切り離されて存在するわけではなく、それぞれの素領域があるこの世のいたるところで、そのすぐ近くで完全調和の部分と接するように存在しているわけです。

完全調和の部分があの世だとすれば、確かにこの世はいたるところであの世と接しているような形で、あの世の中に存在しているということがわかります。

こうして、この世としての宇宙は今から137億年前に、あの世としての完全調和の中にその完全調和が自発的に壊れた部分である素領域の集合体として生まれたために、今でもこの世はいたるところであの世と絡み合って存在しているのです。


私たちの身体も素粒子から作られていて、素粒子は素領域に含まれます。

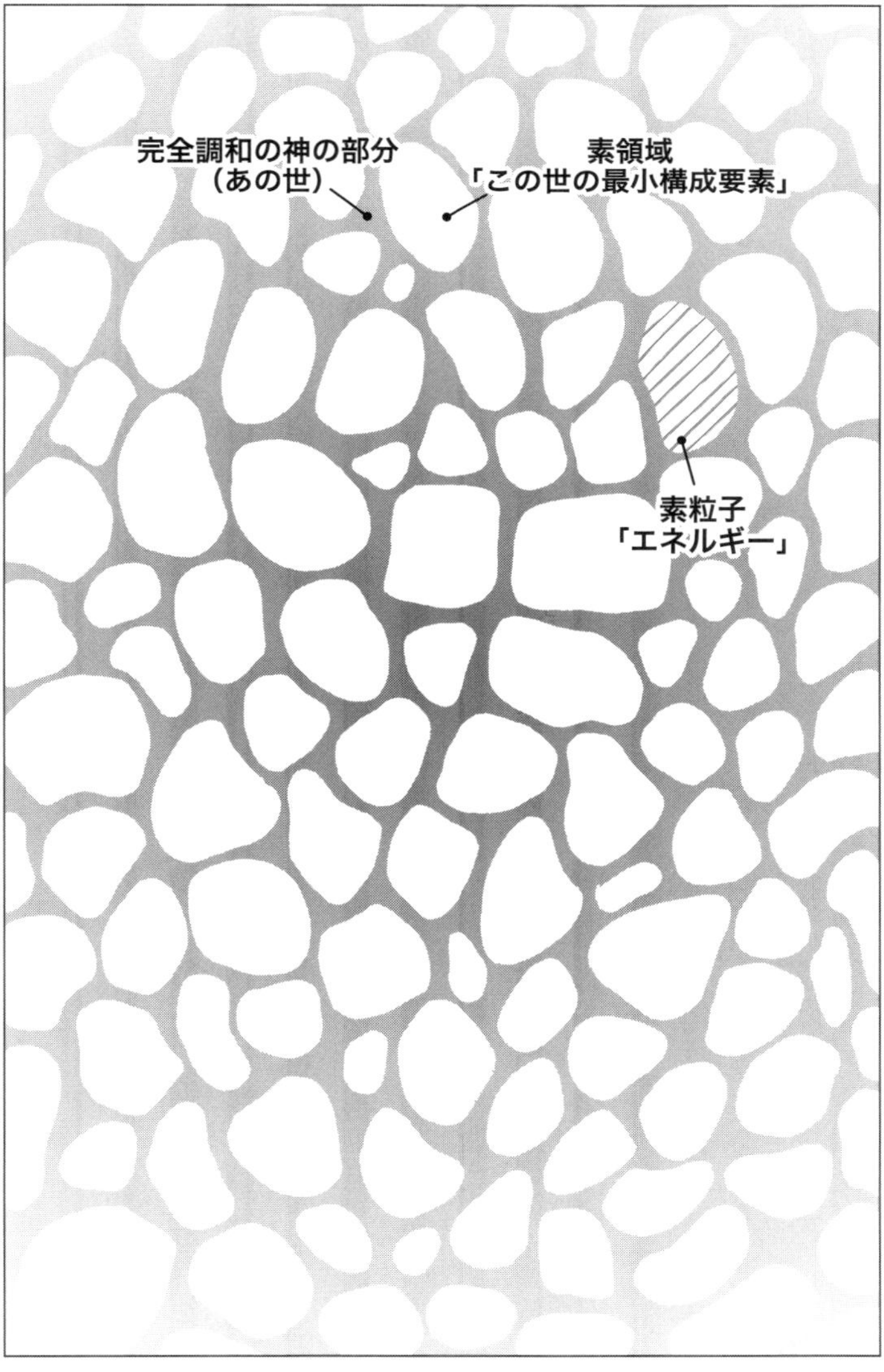
完全調和の神の部分
（あの世）
素領域
「この世の最小構成要素」
素粒子
「エネルギー」

存在している空間の最小構成要素が素領域なのです。その微細なスケールで見るならば、それらはすべて完全調和に囲まれてしまっているため、やはり私たち自身も常にあの世に接して生きていることになります。

あの世は今を生きる私たちにとって、どこか宇宙の果ての向こうにある遠いところではなく、この意味でこの世に生きる私たち自身に重なってさえ存在している身近なところだったのです。

ですから、現世成仏は決して難しいことではないはずです。この世とあの世を隔てているものは、「あの世とは、この世の果てのどこか遠いところにある」と勝手に感じている思い込みでしかありません。そんな思い込みは捨てましょう。その気になりさえすれば、いつでもどこででもあの世に自在に触れることができるのですから。これが現世成仏の本意にちがいありません！

これを聞いた和尚さんは、本当に狂喜乱舞といったご様子で、大いに感心し納得してくださいました。これで現世成仏を檀家の皆さんに説くときのための、きわめてはっきりとしたイメージを得ることができたのですから。そして、木内鶴彦さんから聞き出したこの

世とあの世の成り立ちを、湯川博士の『素領域理論』の言葉で和尚さんに向かって解説していた僕の心の中には、すでに確固としたビジョンが生まれていました。

そう、ついに発見したのです。近代物理学の生みの親であるアイザック・ニュートンが『プリンキピア』に記していた、この宇宙の中のいたるところにあるという「神様の覗き穴」がどこにどのような形で存在するのかを！

素領域は神様の大展望覗き穴だった！

この宇宙が誕生する前には完全調和のみが存在し、それは今では「神様」と呼ばれ、あるいは「普遍意識」とか「サムシンググレート」という名前がつけられているものに他なりません。

そして、その完全調和が自発的に破れた無数の部分のそれぞれが「素領域」という、この宇宙空間の最小構成要素として完全調和の中に、つまり神様の中に発生します。

その素領域の集合体が私たちの宇宙空間となります。それだけでは宇宙空間は空っぽの泡が無数に集まっただけのものにすぎないのですが、実はノーベル物理学賞を受賞された南部陽一郎博士の『自発的対称性の破れ理論』によると、**完全調和が自発的に破れた素領域の中には破れた調和を復旧しようとするエネルギーが発生する**ことがわかっています。

つまり、空っぽの素領域の泡の中にはこのようなエネルギーが生まれたり消えたりすることになりますが、そのエネルギーのことを「**素粒子**」と呼ぶのです（141ページ参照）。

そうすると、この宇宙の中では数多くの素粒子が素領域の泡の中に存在したり消滅したりをくり返すのですが、ちょうど電光掲示板のそれぞれのランプが点滅する様を遠くから眺めているとひとつながりの文字や絵柄が動いていくように見えるように、宇宙空間の広がりの中をたくさんの素粒子が動き回っているように見えるわけです。

本当は、単に素領域の中に素粒子というエネルギーが生まれたり消えたりしているだけなのに、素領域の集合体である宇宙空間をどこまでも虚空が広がった「空間」だとみなし、その中を素粒子が互いに関連しながら運動しているというイメージを作り上げてしまったわけです。ですから、その延長線上にある現代物理学においてさえ、主流の考えでは未だに連続に広がった虚空を素粒子というエネルギーが飛び交っているというイメージから脱却できずにいます。

そんな虚空が連続的に連なっているという素朴なイメージに疑問を投げかけたのは、ドイツの大数学者ベルンハルト・リーマンと日本の理論物理学者、湯川秀樹博士の2人だけでした。

リーマンは1854年にゲッティンゲン大学で行った『幾何学の基礎をなす仮説について』と題する講演の中で、「目に見えないほど小さなスケールにおける空間の連続性という思い込みを捨てる必要があるかもしれない」と主張していたのですが、その後ほとんどの物理学者から顧みられることはありませんでした。

ようやく100年後になって、湯川博士が、空間が素領域の集合体であるとする素領域理論を提唱したことで、かろうじて現代にまでその考えが受け継がれることになります。

それぞれの素粒子は、素領域という神様の中に無数に存在する泡の中に発生したエネルギーであり、その素粒子がたくさん相互間連しながら集まったものが、この宇宙の中に存在する物質なのです。

私たちの身体もまたそのような物質ですから、そこにはたくさんの素粒子が集まっています。そんな私たちが他の素粒子を見るとき、あるいは1つの素粒子にとってすぐ近くにある別の素粒子がどのように映るかというと、すぐ近くの素粒子のありのままが映るわけではありません。

なぜなら、その素粒子が存在する素領域と、こちらの素粒子が存在する素領域の間にある完全調和、つまり神様の部分を透かした姿が映ってくることになるからです。

すなわち、他の素粒子はありのままの姿が映し出されているわけではなく、神様を透かした姿となっているため、その性質の中には神様である完全調和の部分のものが強く反映される場合があるのです。


ここで第3章でご紹介した、ミチオ・カク博士やケイレブ・シャーフ博士の「人はある知的存在が創造した法則の支配する世界に存在している」あるいは「極小粒子の中に超知性を持つエイリアンが存在してこの宇宙のすべての法則を支配している」という主張を思い出してみてください。

「ある知的存在」や「超知性を持つエイリアン」を「神様」に読み換えたならば「人は神様が創造した法則の支配する世界に存在している」および「極小粒子の中に神様が存在してこの宇宙のすべての法則を支配している」という結論になることは、すでにお伝えしたとおりです。

そして、ここであらためて読者であるあなたに知っていただきたいのは、カク博士やシャーフ博士の考えが、木内鶴彦さんの死亡体験によって補強された湯川秀樹博士の『素領域理論』によって裏づけられるということなのです。

たとえばシャーフ博士の「極小粒子の中に神様が存在する」という考えですが、素粒子の中でも最も小さいと思われる極小粒子というのは、限りなく小さいエネルギーとして素領域の中に存在しているために、それは素領域と素領域の間にある完全調和の神様の部分を最も強く反映している素粒子として映っているはずです。だからこそ、その極小粒子には、その中にあたかも神様が存在するかのように思えることになるのです。

素領域の集合体であるこの世界のすべては、完全調和としての神様の中に存在しているため、そこでの素粒子が互いに関連する生々流転のありさまは、完全に神様によって支配されているわけです。

そして、このことはやはりカク博士の主張の裏づけともなっていて、この世の中の現象のすべてが神様が定めた法則に従って生じているのは、この世である素領域の集合体が神様である完全調和の中に存在しているからなのです。

完全調和が壊れ、神様としての完全調和の中に無数に発生した素領域の集合体がこの世

界なのです。素粒子の連携によって、宇宙の中に存在し変容していく物質が織りなす森羅万象も、神様は「お見とおし」なのです。

文字どおりそのすべての究極の奥底からすべてを見渡している、あるいは微細な中にあって、なおその周囲を取り囲むかのようにして眺めているのが完全調和の神様ということであれば、**「神様の覗き穴」というものは、それぞれの素領域が完全調和の部分と接する境界面そのもの**ということになります。

覗き穴などと表現すると鍵穴のように小さなもので、それを通してこの世界の中を覗き見たとしてもごく一部のことしかわからないような気がしますが、「神様の覗き穴」はそんなケチくさい穴などではなく、全面素通しですべての素領域の中を、つまり、この宇宙空間のすべてのところを全望できる大パノラマ展望窓となっていたのです。

『素領域理論』についてもっと詳しく知りたい、というあなたのために、参考書を1冊ご紹介しておきます。

(仮題)『神の物理学——葦原瑞穂に贈る黎明賛歌』(保江邦夫著/海鳴社 近刊)です。

湯川秀樹博士の深い思索

「神様の覗き穴」はこのように物理学の根底にかかわるものとして、この宇宙の誕生のときから宇宙全体を見渡せる大パノラマ展望窓として存在していたのです。

では、「龍首」の姿勢などによって私たちが使うことができる「神様の覗き穴」と、神様が覗き見ている穴とは同じものなのでしょうか？

「神様と人間が見ているものが同じ――、そんなことは信じられない」、という人もいるかもしれません。しかし、その問いに関しても『素領域理論』を用いれば、きちんと説明できるのです。

結論からお伝えしますと、**私たちが『龍首』をして目を離すことができる覗き穴と、神様が森羅万象を見ている覗き穴は、まったく同じもの**です。

それを理解するために、まず『素領域理論』の中で人間というものがどのような存在とされているのかについて、詳細に見ていくことにしましょう。

といっても、湯川秀樹博士の本来の『素領域理論』は、空間の微細構造を解明し、素粒子とは何かを明らかにする物理学の基礎を与える理論であったために、人間についてなんらかの考察が示されていたわけではありません。そのことは、1960年代に英文で公表された湯川先生の研究論文を見れば明らかですが、そうなったのは単に論文が物理学界に向けて書かれたためであり、湯川先生ご自身が『素領域理論』の中で空間と素粒子のことについてしか考察しなかったというわけではありません。

実はこれは物理学界の中ではほとんど知られていなかったことですが、湯川博士は浄土宗光明派の山本空外《くうがい》和尚の思想に傾倒し、『素領域理論』も空外和尚の世界観の影響を強く受けて構築されていたのです。

人間そのものの根底にある神性を終生追求し、世界的評価を受けていた哲学者から仏教僧侶に転身したのが空外和尚でした。ですから、その空外和尚と親交を深めていた湯川博士が『素領域理論』を考案するとき、人間というものの成り立ちや人間存在の神秘性について無関心だったとは思えません。

もちろん、単なる推測ではなく、そのことを強く示唆する逸話が残っています。

京都の鞍馬《くらま》寺で修行した阿闍梨《あじゃり》で、93歳になられた現在もなお全国を行脚《あんぎゃ》して人々を導いていらっしゃる畑田天眞如《はただてんしんにょ》様が、その昔、京都での修行中に湯川博士に助けられたという話です。

鞍馬山の主催で、一般の方向けに人間が持つ不思議な力について説くための講演会が開かれ、その日の最後の講師を若き日の天眞如様がなさったときのことです。

山の反対側にいる友人が怪我をして動けなくなったとき、その助けを求める友人の祈りを山のこちら側にいる人が受け止めて救助にいくという実話を引用しながら、人間には神様によってそのような能力が与えられている、という話をなさっていたそうです。

ところが、その話を聞いたとたんに、聴衆の中の2人の老人が急に大声を上げて、講師である天眞如様にくってかかってきたそうです。

地元の大学に設置された工学部の名誉教授らしき2人は、相手が高僧ではなくまだ若い女性だと見くびったのか、「山の向こうとこっちでは無線の電波でさえ山に遮られて届かないというのに、山向こうの人間が助けを求める祈りをしたところで山のこちらにいる人間がそれを察知できるわけがない。そんな非科学的なことを言って人々を惑わせるのはけしからん、こんなバカげた講演はすぐにやめろ」と息まいたのです。

そんな悪意に満ちた言葉を浴びせられた若き日の天眞如様は、言葉を失ってしまい茫然自失で立ち尽くしていました。

司会者がなんとかその場をおさめ、勝ち誇った顔の老人2人が他の聴衆たちにもすぐに出ていくように声をかけながら退出していった後も、若い天眞如様は演台から離れることができないほどの放心状態になっていたそうです。会場の後片づけが進む中、1人の老紳士が演台のところまで歩み寄ってきたと思ったら、彼女に向かって話しかけました。

「あなたが話されたことはすべて真実です。ただ、あの2人には、まだそのことが理解できないだけです。どうか、あの2人を許してやってください」

意気消沈してずっと頭を垂れていた彼女は、その老紳士の言葉でやっと立ち直ることができ、礼を伝えようとして頭を上げたとき老紳士の姿はすでに講演会場の出口から消えたところだったそうです。

心からのお礼を伝えたかった天眞如様は、せめてお名前だけでも知りたいと思い、演台を片づけはじめていた人たちに、さっき優しい声をかけてくださった老紳士が誰なのか尋ねました。そうして教わった名前に驚き、かつ感動した彼女は、その後その人物からもらった言葉に終生励まされ続けてきたのです。

もうお気づきでしょうか。その人こそが、湯川秀樹博士でした。

ちょうど『素領域理論』を組み立てようとなさっていたころの湯川博士が、人間が持つ不思議な能力についてもきちんと向き合っていた、という事実を物語る貴重な逸話です。

もちろん、これだけではありません。湯川先生がこの宇宙や空間あるいは物質といった物理学の対象だけでなく、人間という存在そのものについても深い洞察力でその本質を見抜こうとされていたことは、晩年に書かれた随筆『旅人――ある物理学者の回想』（角川ソフィア文庫）や『天才の世界』（知恵の森文庫）の中に散らばっている至宝の言葉の数々からも推しはかることができます。

こうしてはっきりしてきたことは、湯川博士は単に素粒子の成り立ちや空間の微細構造について理論的に解明しようとして『素領域理論』を展開していたのではない、という事実です。博士はこれまでは形而上学（メタ物理学）の中でのみ考えられてきた人間存在の根底にある霊魂といったものまでも『素領域理論』の枠組みでとらえることによって、科学と宗教の融合という人類の最後の目標へのまったく新しい切り口を提示していたという事実に他なりません。

そう、山本空外和尚と湯川秀樹博士の間の個人的な思索の交流によって生まれた『素領域理論』は、もはや現代科学の基礎を与える物理学基礎理論であるにとどまらず、宗教の基盤さえも供する形而上学的理論でもあるのです。

だからこそ、そこにおいては物質ではないはずの霊魂でさえも、物質とまったく同じ理論的枠組みの中で論ずることができるわけです。

つまり、物質である身体と、物質ではない霊魂が共存している人間の本質を、見事に解明していくことができるのが『素領域理論』なのです。

霊魂と素領域

私たちの宇宙空間は、完全調和の神様の中に、その完全調和が自発的に破れた素領域と呼ばれる極微の泡が無数に集まってできたものでした。

スポンジにたとえると、スポンジの素材の部分が完全調和の神様であり、その中に生じている細かい穴が素領域、つまり「神様の覗き穴」です。そして、その細かい穴の集合体が宇宙空間となるのです。

スポンジの素材部分は互いにひとつながりになっているのと同じように、完全調和の神様の部分もひとつながりになっています。

そんな神様は素領域という「神様の覗き穴」をとおして、この宇宙空間に生じているさまざまな出来事を眺めているのです。

そして、そこにある、耐えがたいほどの孤独感から逃れるために、神様は一人二役、三役、あるいはそれ以上の一人多役を演じることにしました。

僕がまれに見る白昼夢について、宇宙（青黒いゼリーのようなものが詰まっているゴム風船）を取り囲むように眺めていた自分がいるとお話ししました。

そして、自分の一部がその宇宙の中にズブズブと入り込んで1人の人間となっていきました。さらに、別の一部が同じようにズブッと入り込んできて、別の人間がたくさん存在するようになったことを思い出してください。

これを『素領域理論』の言葉で表してみると、素領域の泡の集まりをその中に含んでいるひとつながりの完全調和である神様が、その素領域の泡と泡の隙間を埋めている**完全調和のつながった一部分に特別な役割を持たせたもの**をたくさん用意し、それぞれを**人間の**

霊魂と位置づけたことになります。

そして、その霊魂という完全調和のつながった一部分が取り囲む素領域の中にエネルギーとしての素粒子が入り込んでいるとき、その人間の身体がこの宇宙の中に存在するわけです。この意味で昔から言われている「肉体に霊が宿る」というのはまちがいで、正しくは「**霊に肉体が宿る**」としなくてはなりません。

そうすると、肉体が宿っていない霊というものも存在することになりますが、霊魂という完全調和のつながった一部分が取り囲む素領域のほとんどは、素粒子が入っていない空っぽの泡になっているものと理解できます。それがたとえば保江邦夫という人間の霊であるとしますと、その霊が取り囲んでいる素領域はまだ空の状態のものが多いので、この宇宙の中から見ればそこには何もない空間が広がっているとしか考えられません。

つまり、この世を見渡してもどこにも保江邦夫という人間は存在していないことになるのですが、この世のいたるところに接しているあの世の側にはちゃんと保江邦夫の霊という霊魂、つまりあの世そのものである完全調和のひとつながりになった一部分は存在しているのです。

それでは、どのようにしてこの世の側に保江邦夫という人間の身体が生まれる、つまり保江邦夫の霊に肉体が宿るのでしょうか?

霊魂は、完全調和のひとつながりになった一部分だからといって、あの世である完全調和の固定された一部分というわけではありません。その一部分というのはいわば変幻自在のもので、一瞬で完全調和の他の一部分にもなれるし完全調和の全体にもなれるものです。

イメージとしては、この世の最小構成要素である素領域の周囲を取り囲むようにしてこの世をその中に含んでいる完全調和の中を、無限の速さで縦横に動き回ることができる完全調和の一部分といってもよいでしょう。

1人の人間、たとえば保江邦夫がこの世に生まれるとき、まずは1つの卵細胞が受精して細胞分裂がはじまるときに、**その受精卵が存在する子宮内の空間を作り上げているすべての素領域の周囲を取り囲んでいる完全調和の一部分が、保江邦夫の霊魂としてその働きを開始している**必要があります。

もしその一部分が別の誰かの霊魂として働いているのであれば、その受精卵によって生まれるのは保江邦夫ではなく別の誰かということになるわけです。さらには、もし受精卵が存在する子宮内空間の素領域を包んでいる完全調和の一部が霊魂として働いていないならば、その受精卵の細胞分裂は正しく持続されることができなくなってしまい、人間としての誕生を迎えることはできません。

ですから、保江邦夫を含めてこの世に無事誕生した人間はすべて、その身体細胞組織を作り上げているすべての分子・原子の構成要素である素粒子のそれぞれが入り込んでいる空間の素領域をすべて取り囲んでいる完全調和の一部分が霊魂として働いていることになります。人間存在の基本は霊魂であって、まずはあの世の側に保江邦夫の霊魂として働く完全調和の一部分が存在しないことには、保江邦夫の身体がこの世の側に生まれることはないのです。つまり、「肉体に霊魂が宿る」のではなく、「霊魂に肉体が宿る」のが人間の誕生というわけです。

それでは、人間の死というものはどういうものになるのでしょうか。

人間の身体組織は分子・原子で構成されており、その構成要素を素粒子と言います。その素粒子のそれぞれが入り込んでいる空間を素領域と呼びますが、**死ぬ、ということは、その素領域を取り囲んでいたはずの霊魂が取り囲むのをやめること**を指すのです。

それまで、身体組織が生命組織として正しく機能していくように、と素領域を正しく制御することで、身体組織を構成するすべての素粒子が有機的に働いていたシステムが根底から崩れ落ちてしまい、生命機能を維持できなくなってしまいます。

古来、「死ぬと霊魂が肉体から離れていってしまう」と直感されていたとおりのことが起きているわけです。

こうして生命を失ってしまった身体組織は時間とともに朽ち果てていきますが、人間の死というものはそのずっと前、その人の霊魂という完全秩序の一部分が身体を構成するすべての素粒子が入っている素領域を取り囲まなくなってしまった、つまり霊魂が肉体から離れてしまったときに訪れていたのです。

すでに何度もお伝えしてきました木内鶴彦さんの死亡体験については、もちろん普通の死亡現象とは最後のところでちがっていて、再び生き返ることができたわけです。

ご自身の身体組織からいったん離れてしまった木内さんの霊魂が、その後に過去・現在・未来のこの世界の中のさまざまな場面をさまよったあげく、自分という意識が希薄になっていって何かとてつもなく大きなもともとの1つのものに融け込んでいくような気がしたとき、突然に病室にあったご自分の身体のところまでものすごい力で一瞬のうちに引き戻されたのでした。

こうして、医師による死亡診断の30分後に木内さんは無事に生き返ることができたのです。

この特異な死亡からの生還体験を『素領域理論』の考えで説明してみることは、この世とあの世の成り立ちを唯一物理学の理論的考察で解明することができる『素領域理論』の正しさを確認することにもつながるのではないでしょうか?

なぜ、霊魂はすべてを見とおせるのか

では、『素領域理論』で木内鶴彦さんの死亡生還体験の背景を記述してみましょう。

木内さんの場合、特に1回目の死亡のときには病室に駆けつけた医師による死亡診断が行われ、心肺停止や瞳孔反射停止などの確認の後に死亡診断書も発行されていました。

つまり、現代医学の観点からも確かに死んでいたということです。そのとき、この世の側にある木内さんの身体組織は生命機能を維持できなくなっていたわけです。

それまで、完全調和の一部分としての霊魂が、彼の素領域をすべて取り囲んでいたはずでした。もちろん、素領域には体組織を構成するすべての素粒子が含まれています。

ところが、死が訪れたとき、霊魂は身体組織があった病室のベッドの上の空間の素領域を取り囲まなくなっていたと考えられます。

木内さんの死亡体験談によれば、死んだ瞬間というのは息を吐いて次に息を吸おうとしたときになぜか吸えなくなってしまってあわてたけれど、何も苦しくはなかったということでした。

そのうち病室にいたお父さんに気づいて、自分は大丈夫だからと声をかけようと思い、上体を起こしてベッドから離れて立ち上がったとき、お父さんが木内さん自身をまったく見ないで下のほうを眺め続けていたそうです。不思議に思って振り返って見ると、なんとそこにはベッドに横たわったままのご自分の身体があったということでした。

このことからわかるのは、木内さんの霊魂としてのあの世の完全調和の一部分は、病室内でベッドの横の何もない、つまり空気の分子くらいしか存在しない空間の素領域をあの世の側で取り囲んでいたということです。

そんな状況でも木内さんはお父さんや看護師さんたちがあわてていた様子を見ることもでき、その声を聞くこともできたそうです。

もはや彼の霊魂は、身体組織とは切り離されていたというのに！

ということは、完全調和の一部分である霊魂というものは、それが取り囲んでいるこの世である素領域の集まりの中に単に空気の分子を作っている素粒子や、あるいは物体から放たれた光の素粒子である光子が入り込んでいるだけの状況においても、その分子や光子のエネルギーを察知して、この世の側の周囲の出来事を見たり聞いたりすることができることになります。

つまり、**あの世の側からはこの世のことは「すべてお見とおし」**となってしまうようなのです。

これは、何も死んだ場所のすぐ近くだけに限定されているわけではありません。

病室の中を見渡していた木内さんが、ふとそこに2人のお姉さんの姿がないことに気づき気持ちがお姉さんに向いた瞬間に、木内さんの霊魂は、義理のお兄さんが運転する車の中の空間、特に後部座席に座っていた2人のお姉さんの間にいました。空間の素領域を取り囲むあの世の側に木内さんの霊魂が移動していたことも彼の死亡体験談からわかります。

だから、そのときも車の中でのお義兄さんとお姉さんの姿を見たり、お姉さんたちの会話を聞いたりすることができたのです。

この世の側に身体組織を持っている生きた人々は、いくらあの世の側に霊魂があっても、あの世の側にある他の霊魂を見たり会話したりすることはできません。

しかし、あの世の側の霊魂がその生きている人の霊魂と重なるように、その生きている人の身体組織が入っている素領域の周囲を取り囲んだ場合には、その生きている人の脳神経組織に直接に働きかけることで意識の中にあの世の側の霊魂からの言葉を響かせることができるようです。

このことは、木内さんが最初に死んだとき、つまり霊魂のみの存在として病室の中のベッドの脇の空間を構成するそれぞれの素領域の周囲を取り囲むようにあの世の側に存在していたとき、お父さんに「取り憑いてしまった」ときの話からわかります。

まさにお父さんの身体の中に入ってしまったと感じた霊魂のみの木内さんには、お父さんは木内さんが死んでしまったことをとても案じていることがわかり、すぐに「俺は大丈夫だ」と話しかけたとうかがいました。そして、木内さんが生き返ってからのお父さんも、「お前が死んだとき、『俺は大丈夫だ』というお前の声が聞こえた」と言ったというのです。

世の東西を問わず、あの世にいる死んだ人の霊魂を自分の身体に呼び出し、この世で生きている人と会話させることができる霊媒師という人たちがいます。

日本では沖縄県のユタや青森県恐山のイタコと呼ばれている女性たちが有名ですが、その他の土地にもいらっしゃるようです。

僕自身は数年前に東唐津で浄土真宗の高僧の方によるお引き合わせで、そのような霊媒師の女性にお目にかかったことがあります。そしてわかったのは、確かにその女性は僕が呼び出していただいた故人について、僕と故人しか知り得ない内容の話をちゃんと伝えてくれたということです。

これもまた、あの世の側の霊魂が、霊媒師の霊魂と重なるように霊媒師の身体組織が入っている素領域の周囲を取り囲むからです。そのため、その霊媒師の脳神経組織に直接に働きかけることで、意識の中にあの世の側の霊魂からの言葉を響かせることができるのです。

霊魂はこの世を形作っている素領域のすべてを取り囲む完全調和のあの世をとおして、他の霊魂とつながっているのです。

木内さんが死んでいた時間は、1回目のときには30分程度でした。

ということは、木内さんの身体組織を構成するすべての素粒子のそれぞれが入っていた素領域が、木内さんの霊魂としてのあの世の完全調和の一部分によって取り囲まれなくなっていた時間が30分程度だったということになります。その間は、それらの素粒子の間の有機的なつながりを維持する生命機能が働かなくなっていたわけです。

しかし、木内さんの身体から離れていた木内さんの霊魂が、遺体の身体組織を構成するすべての素粒子のそれぞれが入っていた素領域を取り囲むあの世の側に再び引き戻されたときには、それらの素粒子の間の有機的なつながりが復元されて生命活動が再開されたのです。

木内鶴彦さんが死んで生き返った現象を『素領域理論』の枠組みによって記述すると、このようなものだったと理解できます。

第5章

神の視点に立つと、すべてが愛になる

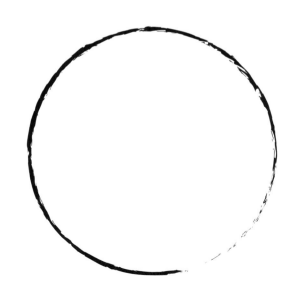

看取り士が見た「神様の覗き穴」

私たちが生きているこの世界には、空間のいたるところに「神様の覗き穴」があり、完全調和の神様はこの世のことをすべて克明に把握されているという事実が、湯川秀樹博士の『素領域理論』の中で明らかになってきました。

この宇宙空間の最小構成要素である素領域はいわば透明なガラス窓のようなもので、この世のことはあの世に筒抜けになっているわけです。筒抜けということは、あの世から神様、あるいはその一部分としてのさまざまな霊魂たちによって、この世の出来事がすべてありのままに眺められている、ということを意味しますが、これははたして警察の取調室の壁に仕掛けられたハーフミラーのように、あの世の側からしか見えないものなのでしょうか？

場合によっては、逆にこの世の側からあの世の側を見ることもできるのでしょうか？

いわゆる霊能力者と呼ばれる特別な人たちの中には、この世に接するあの世の側を漂っているさまざまな霊魂を、見たり感じ取ったりすることができる人もいます。これも、確かにこの世の側からあの世の側を見ていることになりますから、「神様の覗き穴」としての素領域を逆に覗き見ているのかもしれません。

ただし、神様が見える、あるいは霊魂の色や形がわかる、という人たちの中には、世の中をだまそうとしてでたらめを伝えている場合も少なくないようですから、それをそのまま鵜《う》呑《の》みにするわけにはいきません。

ここでは、僕個人が完全に信頼できる筋から個人的に聞き出すことができた、素領域という「神様の覗き穴」をこの世の側から見たらどのように見えるか、という話をお伝えしたいと思います。

それは、看取り士という職業を世の中に普及させようと奮闘なさっている柴《しば》田《た》久《く》美《み》子《こ》さんという女性で、ご自身は看取り士の草分けとして、長年にわたり多くの身よりのない死にゆく方々を看取った経験をお持ちです。

ご縁をいただいて2度目にお会いすることになったとき、その前夜に柴田さんがはじめて経験した不思議な看取りの出来事について熱く語ってくださいました。それを聞いた瞬間、その現場にいたわけではない僕にも、そのときの柴田さんご本人の感動がひしひしと伝わってきました。それほどにすばらしい体験というのは、次のようなものだったのです。

その日、柴田さんが看取ることになったのは、身寄りが誰もいなかったために病院から最期のケアを依頼された年配の男性でした。奇《く》しくもその男性は、柴田さんが看取りをはじめてその腕にかき抱いてきた、50人目にあたる方となりました。

柴田さんは、それまで看取った49人の方々と同じように、首から背中にかけて膝を入れて支えながら、その方の頭を腕で抱えるようにし、じっと黙って目を見つめます。

亡くなられるまで、ずっとそうやって見つめ続けるのが看取り士の最も大切な仕事なのだそうです。

場合によってはずいぶんと長い間そうすることもあります。その間は言葉ではなく、見つめた目で会話するのだと聞きました。まさに、目は口ほどにものを言う。柴田さんが運営なさっている看取り士の養成学校では、5日間まったく会話をしないで、目だけで意思疎通を行う合宿訓練もあるそうです。

その50人目の方のときには、比較的早い段階で、それまで険しかった表情の中にふっと穏やかな色が戻りました。柴田さんは「ああ、そろそろ旅立たれるのだな」と思い、その目に優しく語りかけるように見つめるため、さらに顔を近づけました。その男性がだんだんと優しい表情になり、人生の重荷をはずして解放されていくと同時に、首や背中の張りがスッとゆるみはじめていたそのとき、柴田さんは驚きのあまり我が目を疑ってしまったのです。

なぜなら、彼女の腕の中でまさに死にゆこうとしていた方の顔や頭の周囲の空間に、たくさんの小さな「愛」という漢字が散らばるように見えたからでした。こんなことははじめてです。

それぞれの「愛」という文字に両目の焦点を合わせてはっきりと見てみたかったのですが、その方が亡くなられるまでは見つめ合う目を外すことはできません。

そうして、その男性が心穏やかに静かに天に召されたことを確認してから、柴田さんはそれまでずっとその男性の顔と柴田さんの顔の間の空間や、その男性の顔や頭の周囲の空間に漂っていたたくさんの「愛」という漢字をはっきりと見るため、視線を男性の目からそちらへと移していきました。

するとどうでしょう。それまで死にゆく男性の目を見つめていた彼女の視界の中では「愛」という小さな漢字として映っていたたくさんの点が、今度は金色に輝く無数の光る点に見えたのです。そのとき、その男性が無事にあの世に旅立たれた、つまり神様に迎え入れられたと直感でき、柴田さんご自身もとても大きな神様の祝福に包まれた感覚があったそうです。

このすばらしい体験談を直後にご本人からうかがうことができたとき、僕の心は1つの真理に触れることができたうれしさではち切れんばかりになっていました。

なぜなら、柴田さんが見た小さな「愛」という漢字や金色に輝く光というのは、まさに「神様の覗き穴」である素領域をとおして、この世から見たあの世の景色にちがいないと確信したからです。つまり、「神様の覗き穴」を通して見たあの世には「金色の愛だと直感できる光」が存在するのです。

そして、あの世は完全調和のみが神様として存在すると考えられていましたので、「神様の覗き穴」を逆にこの世から覗いたときに見えたのが「愛だと直感できる金色の光」だったということは、「神は愛であり光である」と表現してきたキリスト教カトリックの教えがまちがってはいなかったことになります。

もちろん、「神様の覗き穴」を逆にこの世から覗き返すなどということは、決して誰にでもできるわけではありません。看取り士の草分けとして大勢の身寄りのない死にゆく人たちの旅立ちを温かく見守り続けてきた柴田久美子さんや、柴田さんがずっと目標とされてきたインドを中心に世界中で活動された、カトリックの聖人マザー・テレサのような愛に生きる人たちの目にだけ、「神様の覗き穴」ははっきりと映り込んでいるのではないでしょうか。

そして、「神様の覗き穴」をとおして神様に触れているとき、マザー・テレサははっきりと「愛」を感じていたにちがいありません。

そう、この世界のいたるところには素領域という「神様の覗き穴」があり、私たちがその「神様の覗き穴」をとおして神様に触れることができたとき、あるいは神様と共感することができたとき、私たちはそれを「愛」だと感じているのです。

神道の神主にしろ、仏教の僧侶にしろ、あるいはキリスト教の神父や牧師、さらにはユダヤ教のラビやイスラム教の司祭にせよ、古今東西の宗教聖職者たちが神様に触れる機会に恵まれてきたのは、単に精神的あるいは肉体的につらい修行を続けてきたからではなく、その立場から死にゆく人々を数多く看取ったことによると考えるのは、きっと僕だけではないでしょう。

武道の奥義と「愛」

ハリウッドの映画『キング・オブ・キングス』をご存じでしょうか?

まさに王の中の王（キング・オブ・キングス）と称せられた、イエス・キリストの生涯を描いた大作です。この他にも、イエスの生涯や奇跡を題材にした映画は数多く作られてきましたが、それらと比べて特にこの『キング・オブ・キングス』が注目されるのは、イエスによる「愛」の力が見事に表現されているシーンがあるからです。

それは、数人の弟子を連れてイエスがある村に入ったときのもので、1人の屈強な暴漢が村人たちを凶暴に襲っていました。それを見たイエスが暴漢のほうに近づいていくと、暴漢もイエスの姿に気がついて、獣のような目つきで敵意をむき出しにして向かっていきます。そして、きゃしゃな身体のイエスに襲いかかるようにして、太い両腕で首をつかんで絞め殺そうとするのです。

次の瞬間からの5秒間ほどの場面はまぶたに焼きついてしまい、僕の頭から片時も離れることはありません。

新約聖書ではイエスがその暴漢に巣くう悪霊に、この男から離れるように、と命じることで暴漢が急におとなしくなったという表現しかなされていませんが、この映画ではまさにイエスの「愛」の力が具体的に描かれていたのです。

しかも、それはまさに僕が広島県の山奥で隠遁生活をなさっていたスペイン人の神父様から伝えていただいていた、イエス・キリストにはじまる**「愛」の活人術**そのものでした。

殺意を前面に押し出して首を絞めてきた暴漢に対し、イエスはまるで大切な赤ん坊を見つめるような慈愛のまなざしを向けながら、ゆっくりと寝かしつけるかのようにしていきます。そうすると暴漢は、だんだんと仰向けに崩れながら表情が穏やかになっていき、最後にはまるで赤ん坊のような笑顔になって倒されてしまうのです。

これこそが「汝の敵を愛せよ」というイエス・キリストの教えそのものです。自分を殺そうとして襲いかかってくる敵をも愛することで、敵の身体運動制御機能を敵の攻撃意識から切り離し、なぜか自分から崩れ落ちていくような動きを無意識にさせてしまうことができる不思議な技法に他なりません。

その本質は、愛によって、つまり神様である完全調和と「共感」することによってこちらの霊魂である完全調和の一部分と、相手の霊魂である完全調和の別の一部分を重ね合わせ、相手の霊魂が宿している身体組織をこちらの霊魂によって意のままに動かしてしまうことにあります。

イエス・キリストによってはじめられたこの「愛」の活人術の体系は、イエス没後もその弟子たちによって密かに継承されたのち、キリスト教がローマ帝国の国教として認められてからはヨーロッパ各地の修道院において修道士たちの間で修行されていました。

しかしながら、長い年月の間にその教えもすたれていき、最後にはローマ・カトリック教会ではスペインのモンセラート修道院のみに密かに伝え残され、ロシア正教会がロシア革命で迫害されてからは旧ソビエト陸軍特殊部隊（スペツナズ）の兵士たちのみに格闘技として継承されていくだけになってしまいました。

そのモンセラート修道院でキリストの活人術を受け継いでいた隠遁修道士と、広島の山奥での不思議な出会いを得た僕は、教えていただいたキリストの活人術の本質を「愛魂《あいき》」と呼び、隠遁修道士がモンセラート修道院の険しい裏山で修行していた柔道やレスリングのような技の体系を「冠光寺流柔術《かんこうじりゅうじゅうじゅつ》」と呼んで10年ほど前から道場で公開しています。

そのおかげで数年前には旧ソビエト陸軍特殊部隊で格闘技としてキリストの活人術を指

導していたミカエル・リャブコ先生とも、大阪で交流させていただく機会を得ました。

リャブコ先生から、「その昔エルサレムの地から東（ロシア正教）と西（ローマ・カトリック）に分かれていった活人術が、こうしてそれぞれ地球を半周してこの日本で再び1つにつながった」というお言葉までいただいたのです。

それで確信を得たリャブコ先生は、その後モスクワの道場ではそれまでロシア正教の信者にしか伝えていなかった「敵を愛する」という秘伝を、信者以外の世界中から集まってきている練習生たちにも伝えるようになったと聞き及びます。

それにしても、旧ソビエト陸軍特殊部隊といえば世界有数の戦闘部隊であり、その隊員が身につける格闘技がロシア正教に伝えられていたイエス・キリストの活人術に源を発するものだとは、にわかには信じられないかもしれません。

すでにお伝えしましたように、「愛」とは神様としての完全調和と「共感」することですから、それにはこれまでこの本でみなさんにお伝えしてきたこの世界のいたるところにある「神様の覗き穴」の存在が重要な役割を持つことになります。

その「神様の覗き穴」をとおしてこの世界のことを眺めている神様と「共感」するためには、その同じ「神様の覗き穴」をとおしてこの世界の同じところを見る必要があります。

共感を抱くには、同じものを見聞きするのがもっとも手軽な方法なのですから。

「愛」というものの本質がそういうところにあるということであれば、格闘技や武道の奥義や秘伝技法の中に「愛」が用いられていたとしても、さほど不思議なことではありません。

実際のところ、日本の古流剣術の奥義秘伝書にはそのような記述が見られます。

たとえば新陰流《しんかげりゅう》では、敵と相対して太刀を振りかぶって構えてから無心となってぼんやりと相手の姿を見ているうちに、不意に敵の後ろ姿が見えた瞬間に振りかぶっていた太刀を振りおろすなら、かならず敵を斬り倒すことができると伝えられているようです。

相対している敵はこちらに常に顔を向けていますから、こちらからはその正面の姿しか目に映っていないはずで、この世界の中だけで考えていたのではいくら長時間構えて待っていたところで、敵の後ろ姿が見えてくるわけはありません。

それが、無心でぼんやりと見ていれば、かならず敵の後ろ姿が見える瞬間がくるというのは、そのときまさに「神様の覗き穴」をとおして神様としての完全調和と共感してつながり、その完全調和により別の「神様の覗き穴」から眺めている敵の後ろ姿を共有することができるということを意味しているのではないでしょうか。

つまり、敵と相対して愛する状態になりさえすれば、この世界の外側から神様がすべてを完全調和でコントロールしてくださるため、簡単に敵を制することができるのです。

合気道の創始者である植芝盛平《うえしばもりへい》翁は、「合気は愛じゃ」という有名な言葉を残していらっしゃいます。

また、その一番弟子で後に養心館合気道を興した塩田剛三《しおだごうぞう》師範は、「合気道の極意は自分を殺しにきた相手と友だちになること」だと看破し、お弟子さんたちに相手を愛することの重要性を伝えておいででした。

愛するなどというと日本人男性はとくに混乱してしまうのですが、その本質はあくまで神様と「共感」することですから、別の表現を用いることのほうが多くなります。

神戸で無住心流《むじゅうしんりゅう》剣術を指南する近藤洋介先生は、すべてを神様に完全にゆだねてしまう境地にいたる「神への全託」が実現されたならば、敵の太刀筋は神様によってねじ曲げられてしまい、絶対にこちらの身体に触れることはないと指摘しておいでです。

また、名著『弓と禅』（福村出版ほか）の著者としても知られるドイツの哲学者オイゲン・ヘリゲルが旧制東北帝国大学を去るにあたって、弓道の師であった阿波研造《あわけんぞう》師範が示した弓道の極意もまた、神様との共感が得られたならば、真っ暗闇の中でまったく見えない的にさえ矢を当てることができる、と説いています。

最後までそれが理解できなかったヘリゲルのために、阿波師範は自宅の弓道場に明かりを灯さずに2本の矢を放ってみせましたが、すぐにヘリゲルが明かりを携えて確認に行くと1本目は的のど真ん中に的中し、さらに驚くことに2本目はその的中した1本目の矢を後ろから真っ二つに裂いて的に刺さっていたのです。

そのとき、阿波師範が驚きを隠せない様子のヘリゲルに向かって、弓道の秘伝奥義を伝えたと言われています。

それは、「的を射ようと思うな、心を無にして自分と的とが一体となれば必ずや的中する」というものでした。「的を愛せば必ず的中する」というわけです。

もちろん、ヘリゲルだけでなく、他の誰もが長年にわたってその真意を理解できずにいたのですが、湯川秀樹博士の『素領域理論』の考え方を適用しさえすれば、少なくとも「心を無にして自分と的とが一体となる」ということについては意味が明白となります。

そう、「この世」の側にある自分の脳神経系が生み出している自我意識から離れ、「あの世」の側の魂に己をゆだねるのです。

的を作り上げている素粒子がふくまれる素領域も、もちろん「神様の覗き穴」です。

自我を捨て、今覗いている「神様の覗き穴」から目を離し、完全調和の一部である魂のみに己をゆだねれば、魂は的を作り上げている素粒子が含まれる素領域にも連結することができるはずです。

だからこそ、結果としてそこに矢が的中するのは火を見るよりも明らかなのではないでしょうか。


このように、愛、すなわち神様との共感というものは、武道や格闘技の奥義の中でさえも、もっとも重要なものとなっているのです。

愛の宇宙方程式

理論物理学者である僕が、その昔に日本初のノーベル賞を受賞された理論物理学者である湯川秀樹博士が晩年に提唱されていた『素領域理論』を駆使して、「この世」と「あの世」の成り立ちだけでなく、そもそも「神様」とは何かとか、「愛」とはいかなるものかなどということをお伝えしてきました。

いくらノーベル賞物理学者がひらめいた物理学の根本を記述する基礎理論とはいえ、それを「あの世」や「神様」、それに正体不明この上ない「愛」などという曖昧なものに適用するのはいかがなものかとお考えの向きも少なくはないでしょう。

そんな懸念をできるだけ払拭するために、これまでのお話の中では近代物理学の父とも目されるイギリスの物理学者アイザック・ニュートンが大著『プリンキピア』の中にその存在を指摘した「神様の覗き穴」を軸にしてきましたし、現代物理学の最先端分野で活躍している２人のノーベル賞級の理論物理学者ミチオ・カク博士とケイレブ・シャーフ博士がごく最近になって公表した「ある知的存在が創造した法則の支配する世界」や「極小粒子の中に超知性を持つエイリアンが存在してこの宇宙のすべての法則を支配している」という考えもご紹介してきました。

なるほど、確かに神様のことを「ある知的存在」とか「超知性を持つエイリアン」と呼ぶことにすれば、神様の存在や神様がこの世界を支配しているということを新進気鋭の２人の物理学者が認めたことになりますが、といって彼らが「愛」についてもなんらか言及しているのかというと、そうではありません。

やはり、物理学者の堅い頭には、いつまでたっても「愛」などというものは研究対象として浮かんではこないのでしょうか？

いえいえ、そんなことはありません。理論物理学者、しかも当代一流中の一流の学者で、相対性理論を提唱し、この宇宙の姿を明らかにする宇宙方程式を見出したことで世界的に知られているアルバート・アインシュタイン博士は、「愛」の力を解明することが物理学に残された最後の難関だということを愛娘に書き遺していたのです。

しかも、そこに記されている内容とは、ここまで私たちが見てきた素領域理論からの帰結として得られた神様と愛の実体を彷彿させるものでした。さすが、アインシュタイン博士ほどの人物ならば、愛というものの本質を見事にとらえ、後進の物理学者たちによるさらなる研究の進展を望んでいたのでしょう。

湯川秀樹博士がノーベル物理学賞を受賞してすぐ、アメリカのプリンストン高等研究所からの招聘《しょうへい》がありました。そこで長期滞在中のアインシュタイン博士と親交を深められたと聞きます。

プリンストン大学のキャンパスを２人で散歩する写真は特に有名で、若いころの僕には宝物でした。ひょっとすると、その散歩の途中に議論したときに生まれた発想の種が、後に『素領域理論』として花開くことになったのかもしれません。

だからこそ、湯川博士の『素領域理論』は、物理学の基礎の基礎を与える物理理論であるにもかかわらず、その奥底では「神様」や「愛」といった、それまで科学や学問の枠組みではとらえることができなかったものまでをも、描くことができたのではないでしょうか。

そう、湯川秀樹博士の『素領域理論』で目指すべきは、次にその一部を邦訳してお示しするアインシュタイン博士が愛娘に宛てた手紙の内容が示唆するような、愛の宇宙方程式の存在を広く世の中に知らしめることにちがいありません。


普遍的な力とは、愛のことです。

科学者たちがこの宇宙についての統一理論を捜し求めていたとき、彼らはこの最も強力な見えない力のことを忘れてしまっていました。

愛は、それを与える者と受け取る者とを教え導いてくれる光なのです。

愛は、ある人々が他の人々に引きつけられていると感じさせるのですから、引力を生み出しています。

愛は、私たちの持てる最大のものを増幅させ、また盲目的な利己主義の中に人間性が埋没してしまうのを許さないのですから、強さをも生み出しています。

愛は開花し、本性を示します。

私たちは愛に生き、そして愛に死ぬのです。

愛は神であり、また神は愛なのです。

この力はすべてを説明し、そして生きることに意味を与えてくれます。

これこそが私たちがあまりにも長い間無視し続けてきた物理量なのですが、おそらくその理由は愛がこの宇宙の中で、人類がいまだに意図的に用いるすべを知らない唯一のエネルギーであるために恐れられていることにあるかもしれません。

愛を目に見えるようにするために、私の最も有名な方程式$E=mc^2$において簡単な代入をしてみましょう。

この世界を癒すためのエネルギーが愛に光の速さの二乗を掛け合わせることで得られるということを受け入れるならば、その大きさには限界がないために、愛は最も強力な力となるという結論に到着するのです。


ここまでごいっしょに『素領域理論』についてそのエッセンスを学び、この世界のいたるところに「神様の覗き穴」が素領域という形で存在しているという真実を実感していただいていたからこそ、この手紙でアインシュタイン博士が私たちに伝えようとしていたことの本質を1つの「愛の宇宙方程式」の形に描き出すことができます。

それは、あなたが「神様の覗き穴」をとおして神様と共感しさえすれば、神様がその覗き穴から世界中のあらゆるところに「愛」の金色に輝く光を放って、この世界を癒してくださるという真理に他なりません。

愛の祈りによる奇跡的治療

愛の宇宙方程式が私たちに教えてくれるのは、この世界のいたるところにある「神様の覗き穴」をとおして神様と共感し神様に触れることができたとき、私たちは「愛」を感じ、この世界の中に向かって「愛」の輝きを放ち続けることができるという真実です。

そう、ただ愛を感じさえすれば、アインシュタイン博士が書き遺したようにあなた自身がこの世界を癒すことができるのです。

しかし、いくらアインシュタイン博士や湯川秀樹博士、あるいはミチオ・カク博士などが太鼓判を押したとしても、それはあくまで理論物理学の延長線上での考えの中でのことであって、「実際に愛だけでこの世が癒されるなどとはとても信じられない！」と、感じることもあるかもしれません。

たしかに、これまでは理論的な考察のみにとどまり、この世の中で「愛」が本当にすばらしい力を発揮した実例については、不信心な肉屋の主人の目の前で神様への「愛」の祈りの言葉を記した紙切れが何キロもの牛肉の塊よりも重くなったという寓話のような出来事にしか言及してきませんでした。

そこで、これからは「愛」というものが本当にこの世界、この宇宙の中で多くの奇跡を生み出し、生命をつなぎ、すべてを癒してきたということを、僕自身が見聞きした範囲の事実によってお伝えしていきたいと思います。どうか常識という先入観をとりあえずしまっておいて、純真無垢な気持ちで読み進んでいっていただければと願います。

まずご紹介するのは、アメリカの伝統ある医学専門学術誌に論文が掲載された研究実験の話です。ハワイ州立病院で行われたこの実験は、このようなものでした。

第一に、共通の疾患を持ち、同じ程度の進行状況である患者を数十名集め、無作為に2

つのグループに分けました。

そして、それぞれのグループごとに所属する患者の氏名だけを記したリストを作ります。一方のグループの患者リストだけをコピーし、そのコピーをハワイ原住民の祈祷師、日本の仏教の僧侶、アメリカ本土のキリスト教の修道士や修道女、さらにはネイティブ・アメリカンの呪《まじな》い師などに配ります。

科学者たちは、彼ら非科学的としか思えない力を持つであろう人たちに、「リストに記された人たちのために、愛の祈りを毎日捧げてください」と依頼したのです。

むろん、当の患者たちは何も知らされておらず、愛の祈りを捧げるように頼まれた人たちにもその名前がどこのどのような人のものであるかは伏せられていました。

そうして、実験が終わってそれぞれのグループに属していた患者たちの容態がとりまとめられたとき、この研究を計画した医師団には驚きと同時に神様への畏敬の念が生まれたそうです。なぜなら、愛の祈りを遠くから捧げてもらえるグループに入っていた患者たちは、もう一方のグループの患者たちに比べて、ずっと少ない日数で回復していたのですから。

遠くにいる見ず知らずの数人の人たちが、単に名前だけを思いながら愛の祈りを捧げる、しかもその名前の患者たちは誰かが自分のために祈っているなんてことは知りもしない。そんな状況だったにもかかわらず、愛の祈りを捧げたことによってハワイの州立病院のそれぞれの病室にある「神様の覗き穴」から癒しがなされたのです。これほどすばらしいことが他にあるでしょうか？

これはアメリカの信頼できる医学系の学術雑誌に掲載された研究論文に書かれていた実験事実であり、その内容の真偽に疑いをはさむ余地はありません。

そして、それと同じくらい信用できる奇跡的治癒の実話を僕は直接に聞いて知っています。それはスペインのモンセラート修道院で隠遁生活を続けておいでだったスペイン人修道士がこの日本においでになって、実際にお示しになった愛と祈りによる奇跡的治癒についてです。

夢枕に立ったイエス・キリストに「愛の生け贄」になるよう命じられた修道士が、二度目にイエス・キリストから指示されたのは「ハポン（日本）に行け」ということでした。直後にたどり着いたのは長崎県の五島列島の福崎で、彼は崖の上に粗末な小屋を建てて住み着いたのです。

質素な修道服の外国人を見た島の住人は、西洋乞食が住み着いてしまったと思い、決して歓迎はしなかったと聞きます。

ところが、島の牛乳屋の主人だけは別で、たまに姿を見かける修道士に食料などを工面《くめん》していたそうです。そのうちに東京のカトリック修道会の立派な出で立ちの司祭たちが島を訪ねてくるようになり、その西洋乞食の前にひれ伏す場面を見て島民たちははじめてその人物がじつは高名なスペインの隠遁修道士だったことを知るのです。

もともとキリスト教信者の多かった五島列島の住人たちですから、そうとわかったらすぐに立派な教会を福崎に建立し、その修道士に住んでもらおうとしました。

しかしその修道士は、「この教会はじきに崩れ落ちるだろう」という言葉を残し、広島県の山奥に隠遁生活の拠点を移してしまいます。それからしばらくしてからのこと、大型台風が五島列島を直撃したとき、島民がスペイン人修道士のために建てた教会は跡形もなく吹き飛んでしまいます。まさに、予言どおりになったことから、島民たちは自分たちが修道士を最初から歓迎しなかったことを改めて恥じ入りました。

その後のこと、島でただ1人最初から修道士に温かく接していた牛乳屋のご主人に肝臓ガンが見つかり、長崎大学医学部の病院で摘出手術を受けることになりました。
ところが開腹してみると、すでに肝臓だけでなく他の臓器にもガン病巣が浸潤し、切除不可能な状態でした。医師たちはなす術もなく、そのまま閉じてしまうしか方法がなかったようです。

半年の余命を慣れ親しんできた島で過ごすように医師に勧められた牛乳屋のご主人。
彼のことを案じた島の人たちは、話し合いの結果、広島の山奥まであの修道士を訪ねることにしました。新しく建てたばかりの教会が崩れることを予言したあの修道士ならば、牛乳屋のご主人のガンも、奇跡を起こして治せるだろうと考えたのです。

島民を代表して広島を訪ねた島の人は、修道士を五島列島まで連れて帰るつもりでいましたが、話を聞いた修道士は「わかりました、私にできることはここで祈ることだけです」と答えたのみでした。気落ちしながら一人で列車とフェリーを乗り継いで五島に帰ってみると、奇跡は起きていました。

検査のためにご主人が長崎大学医学部で腹部エックス線断層写真を撮ってみたところ、なんと末期のガン病巣が消え去ってしまっていたのです。医学的にはあり得ないことですが、それをも可能にしたのは神様に「愛の生け贄」になるように命じられてはるばるスペインから日本にやってきていた隠遁修道士の祈りによる愛の力だったのでしょう。

天使となって現れた「神様の覗き穴」

次にお伝えしたいのは、僕自身に起きた奇跡の1つについてです。
すでに別の著作の中で取り上げたこともありますのでご存じの方もいらっしゃるかもしれませんが、ここでは「神様の覗き穴」というものの働きをより深く理解するためにお伝えしたいと思います。

今からもう15年前のことになりますが、僕は全身麻酔による5時間を超える緊急手術を受けていた途中、2分30秒間だけ心肺停止となって生死の間をさまよったことがあります。幸いにも医師たちによる蘇生がうまくいったために、こうしていまだに生きながらえていますが、もし蘇生できていなかったなら15年前に死んでいたわけです。

つまりは、運が良かったのでしょうか。といっても、手術中にそんな状況になっていたということはすぐには教えてもらえず、手術の3年後にたまたま人づてに知ることになりました。

しかし、単に運が良かった、というだけで片づけることは、どうしてもできませんでした。なぜなら、この手術の前後、不思議なことが起きていたからです。

手術室までストレッチャーで運ばれている間、1人の若い女性看護師が僕の目を見つめて手を握り、「大丈夫ですよ、心配ありませんからね。かならず戻ってこられますから、安心してください」と何回も声をかけてくれていたのです。まるで、これからはじまる手術の中で僕が一度は死にかけるけれども、かならず生還できるということを僕に必死で伝えてくれていたとしか思えません。

これだけ聞くと、「どうせ美人だったから印象に残っているだけだろう」とお思いかもしれません。確かにその看護師さんは透きとおるような肌をしたとても美しい女性でした。他の2人の付き添い看護師さんがストレッチャーの頭の部分と足先の部分を持って1階の救急病棟から7階の手術室まで運んでくださる間ずっと、彼女はストレッチャーの横で僕の手を握りしめ、僕の顔を心配げに覗き込んでくれていたのです。

そんなわけですから、手術が終わって集中治療室で管理されていたときも、その後に一般病棟の病室に入ってからもその美しい看護師さんに感謝を伝えたいと思い、彼女が病室に現れるのを、首を長くして待っていました。

ところが、1週間たっても2週間たっても、彼女はいっこうに現れません。ストレッチャーの前後にいた2人の看護師さんたちはほとんど毎日お世話をしてくださいましたが、あの3人目の看護師さんだけはまったく顔を見せてくださらなかったのです。

ついにしびれを切らせた僕は、その2人の看護師さんに聞いてみました。

「救急病棟から手術室までストレッチャーで僕を運んでくださったときに、僕の右横に立ってずっとついてきてくださった看護師さんがいましたね。あれからお顔を拝見しませんが、ひょっとして退職されてしまったのですか?」

一瞬怪訝《けげん》な表情を見せた2人の看護師さんは、すぐに笑顔を取り戻して笑いながら答えてくれました。

「あのときは私たち2人だけで、他には誰もストレッチャーの横に立ってはいませんでしたよ」

僕は、我が耳を疑いました。だって、そのときはもちろん、そして15年が経った今でもなお、僕の手を強く握りしめてくださっていたその第三の看護師さんの手の感触だけでなく、僕の顔を覗き込むようにして見つめ勇気づけてくださっていた美しい顔をありありと思い出すことができるのですから。

それが、「そんな看護師はいなかった」と断言されてしまったのです。納得がいかないまま10年以上の月日が流れ、今から数年前になった時点で真実がよみがえってきました。

最初にわかったのは、ストレッチャーで僕を運んでくださったのは、たしかに2人の看護師さんだけだったに違いないということです。たまたまその病院でずっと看護師をしているという女性に出会ったとき、僕は自分の体験をありのままに話したのですが、その看護師さんは笑いながら教えてくれました。

なんでも、その病院は看護師さんの数に余裕がない状況がずっと続いているため、たとえこれから手術を受ける患者さんをストレッチャーで手術室に運ぶときといえども看護師は1人しかつけられないそうなのです。それが、2人の看護師が前後にいたというだけですでにありえないぐらいのVIP待遇だったたし、ましてや3人も看護師がつくというのは絶対に考えられないとのことでした。

ということは、やはりあの第三の看護師さんはまぼろしだったのでしょうか。

それにしては、あまりにもリアルな印象がいまだに脳裏に焼きついて離れません。僕の頭はますます混乱しかけましたが、それからさほど時を経ることなくすべてが明るみに出る瞬間を迎えることができました。

それは「麻布の茶坊主」と僕が呼んでいる若い予言者の男性に出逢ったときのことです。

当時、同僚の勧めでその予言者に会いに行ったのですが、実のところそのときは相談したいことが特にありませんでした。

何か問題を抱えていたから相談に行ったわけではなく、単に興味を持ってホンモノかどうかを試しに行っただけだったのです。

そんな僕の腹の中を見透かしたのか、少しだけ笑ったような目になった予言者の男性は（マスクをしているので口元は見えないのです）、「それではあなたの身体を拝見してみましょうか」と言うが早いか一瞬だけ白目をむいた直後に、感心した口調で教えてくれたのです。

「最初に見たときからあなたのオーラはどこにもゆがみがなくきれいな状態でしたので、まさかこれほど大きな傷を残す開腹手術をなさっていたとは思いませんでした。

身体組織が手術や怪我などで傷ついた痕跡は、普通はその人のオーラにも反映されていて、ちょうど傷跡のところでオーラがいびつになっているものです。ところが、あなたの場合はそんな大きな傷跡にもかかわらず、オーラはまったくいびつにならず、まるで身体には何も異常がなかったかのようにきれいに美しくつながって見えています。こんなことが可能になるのは、あなたの手術をなさった病院スタッフの中に、〝天使〟がいたからとしか考えられないのですが、お気づきでしたか？」

それを聞いた瞬間、僕はすべてを理解することができました。

そう、あの**第三の看護師さんは天使だった**のです。だからこそ、他の人たちの目には映らず、ただただこの僕にだけ、この世のものとは思えない透明感あふれる美しさで見ることや触ることが可能だったのです。

そして、彼女が天使だったからこそ、たとえ手術中に僕が死ぬようなことがあっても必ずこの世に戻ってこられるから心配はいらないと、手術室へと送り込まれるベルトコンベアーのところで僕を力づけてくれたにちがいありません。そして、その役目を終えた天使は、もう二度とこの世では、看護師の姿で僕の目の前に現れることはなかったのです。

奇跡をもたらす天使の正体

手術は5時間を超え、途中で心肺停止になったにもかかわらず、無事に乗り越えることができました。それどころか、若い予言者が見てくれたように、オーラがきれいに整っていてゆがみがないとくれば、すべてはその天使のおかげだったと感じています。

それは、まさに神様のなされる奇跡としか考えようがないのですが、今では僕自身に起きたこのすばらしい出来事もまた、この世界の中のいたるところにある「神様の覗き穴」から放たれている「愛」の光による癒しだったと理解しています。

そして、そのような**「愛」の光がこの世の中にあふれんばかりに放たれるためにこそ、僕も、あなたも、誰もが「神様の覗き穴」を通していつも神様を感じている、神様と共感していることが必要**なのです。

しかし、そこまで理解し納得できてもなお疑問に残るのは、あの第三の看護師さんの姿形や感触からはどう考えてもホンモノの人間だったとしか思えないということなのです。

これまででしたら、そもそも天使という存在がどのようなものなのかはっきりとしていないために、これ以上には踏み込んだ議論にはなりませんでした。

ところが、いまでは湯川秀樹博士の『素領域理論』のおかげで、この世界の中のいたるところにある「神様の覗き穴」というものが空間の最小構成要素としての素領域そのもの、より正確に表現するならば、素領域とあの世の完全調和の部分との境界面に他ならないということまで突っ込んで話をすることができます。

それに、人間の霊魂というものについても、単なる観念的なものなどではなく、「あの世」の完全調和の一部分なのだと理解できています。その霊魂に包み込まれるようにして存在する、無数の素領域の中に、素粒子としてのエネルギーが入ってくることで霊魂に肉体が宿ることがわかっています。

ですから、天使を神様と人間の間に存在する存在だと素領域理論で記述するとき、天使は「あの世」の完全調和の一部分であるが、人間のように肉体が宿ってはいないものだ、とするのがもっとも素直な考え方ではないでしょうか。

つまり、**死んで霊魂のみになった人間もまた天使**だということになります。

たとえば、菅原道真公のように、日本神道では立派な業績をあげた人が死んだときに、その霊魂を神様として奉ることが少なくありません。

何らかの奇跡的な出来事が必要なとき、肉体を宿していない霊魂の中から適したものが選ばれ、ごく短い時間だけ肉体を宿して「この世」に現れる。

僕を手術室まで運んでくれたときにいた第三の看護師さんが天使であったとして、僕の手を強く握りしめてくれていたあの温かい手の感触は、ほんの短い時間だけでも「この世」に実在するものが与えてくれたものとしてリアルに記憶に残っていたにちがいありません。

はじめて全身麻酔の手術を受ける直前で、不安にさいなまれていた僕の心を支えるために、その天使はストレッチャーの前後にいた2人の看護師の注意が他に向けられていた瞬間だけをねらって、あのような神々しく美しい顔の肉体を宿し、僕の顔を「覗き込んで」いてくれたのではないでしょうか。

天使はユダヤ教やキリスト教、あるいはイスラム教においても神様の従者として重要な役割を担ってきました。日本においては権現様という名称で古くからあがめられ、人間の姿で現れた神様がなにか奇跡をお示しくださった場所には権現神社と呼ばれるお社が建立されてきたのです。

僕の人生を振り返ってみても、はっきり天使だったと思える存在と出逢った回数は他に8回にものぼります。

フランスのカトリックの聖地ルルドで5回、パリのノートルダム大聖堂で1回、アメリカのフロリダ州マイアミのダウンタウンで1回、そしてカリフォルニア州サンフランシスコの空港ターミナルビルで1回です。

すでに『魂のかけら——ある物理学者の神秘体験』（ペンネーム佐川邦夫名義／春風社）、『予定調和から連鎖調和へ——アセンション後、世界はどう変わったか』（風雲舎）、『ついに、愛の宇宙方程式が解けました——神様に溺愛される人の法則』（徳間書店）など、何冊かの拙著でご紹介しておりますのでここでその詳細を記すことはしませんが、ひょっとすると僕がまだ気づけていない天使との出逢いもあったかもしれません。

ですから、あなたもこれまでの人生の中で知らない間に天使に出逢っている、あるいは天使に助けられたこともあるかもしれません。

なにかの都合でひょいと1時間ほど時間が空いてしまったときなどに、スマホの電源など切って、じっくりとご自分の人生を振り返りながら、記憶の中で天使探しをなさってみてはいかがでしょうか？　意外なときに意外なところで、天使がそっとささやいてくれていたのがわかるかもしれません。

いえいえ、ここまで読み進めていただけたからには、本当はもうお気づきのはずです。

そう、あなたこそが、この世界の中に愛の輝きを取り戻す役目を背負った聖天使だったのです！

さあ、あなたの中に眠る「愛の力」を呼び覚まし、スピリチュアル・ゲートから神様の高みへと昇りつめようではありませんか‼

◎愛と涙――「おわりに」に代えて

最後まで読みとおしてくださったあなたは、この世界のいたるところにある「神様の覗き穴」の存在に気づいてしまいました。

あなたが「幸せ」だという気持ちになっているとき、「愛」を感じているとき、実はあなたは「神様の覗き穴」をとおして神様に触れていらっしゃったのです。

私たちがいったいなぜどのようにして、あるときに「愛」を感じてきたのか、これまで科学や宗教でさえ明らかにできなかった「愛」の正体がはっきりしてきました。

この世界のあらゆるところに「神様の覗き穴」があり、私たちがその「神様の覗き穴」をとおして「神様」と共感することができたとき、あるいは「神様」に触れることができたとき、私たちはそれを「愛」だと感じていたのです。

「愛」は与えるものでも、求めるものでも、与えられるものでもなく、ただただ「神様の覗き穴」をとおして「神様」に触れたときに得られる「共感」なのです。

ここまで楽しみながら読み進んでくださったあなたは、心の奥底でこの世界のいたるところに「神様の覗き穴」があるという真実を実感しているはずです。そうして、愛を感じはじめたも同然のあなたの心には、いつも愛とともに生きていけるという確信が生まれ、「幸せ」だという純粋な気持ちがよみがえってきています。

あなたはすでに「神様の覗き穴」をとおして「神様」と共感し、世界中の人々に向かって愛の輝きを放ちはじめていらっしゃるのです。

そう、見事に真白き「聖天使」の高みにまで昇りつめてくださったのです！

最後に、ひとつだけ、とくにお伝えしたいことがあります。

それは、これからの人生の中でこれまで以上に愛を感じ、愛とともに生きていき、愛の輝きを世の中に向かって放っていくことになるあなたが、ふとしたことでその愛に自信が持てなくなったときのために、どうしても知っておかなくてはならない大切なことです。

それが本当に愛なのか、あるいは単に自我意識が愛だと思い込んでいるだけなのかわからなくなったとき、確実にそれを見きわめる方法があります。

それは、悲しいとかうれしいといった感情は何もわいていないにもかかわらず、**どうい**

うわけか目から滝のように涙が流れ出て、嗚咽を伴い大泣きすることがあれば、あなたは確実に愛の戦士である聖天使の証を抱いているということに他ならないということです。

それが愛に生きる人たちに神様がお与えくださった唯一の道しるべです。それなくしては、私たちに道を誤らすべく虎視眈々と狙う、その手を片時たりとも休めることのない悪魔のたくらみに、私たちは抗するべくもないのです。

フランスでは聖母マリアの御出現を得たルルドの少女、ベルナデッタ、インドでは貧民街で死にゆく浮浪者たちを看取り続けたマザー・テレサ、そして日本においては2・26事件の日に目の前で父親を青年将校に射殺された少女、渡辺和子。

この3人の愛の戦士たちの修道女としての一生の中でさえ、あふれ出る涙と無縁の夜はありませんでした。

真の愛に生きるという神様の恵みをちょうだいできた希有《けう》な存在である3人は、修道院の中では嫉妬の炎に灼《や》かれる修道女たちから罵《ののし》られ、修道院の外からはキリストの愛の教えを理解することを拒否する動きによっておとしめられ続け、それでもなお、真の愛を見失うことはありませんでした。

それは、神様に与えられた道しるべである、夜ごと人知れず流した熱き涙のおかげだったのです。

そう、「愛」と「涙」こそは、そのどちらもが聖天使にまで昇りつめた私たち人間が絶対に失ってはいけない、あの世で完全調和の神様につながるための勲章なのです。


最後の最後に、この本を生み出すお手伝いをしてくださったひとりの聖天使に感謝の意を表します。

この本は、横浜にある中医学学校『ナチュラルハンドアカデミーＨＯＬＯＳ』校長の渡辺知里さんが２０１６年の1年間、毎月「保江邦夫の宇宙学講座」を開催してくださったおかげで生まれました。

スピリチュアル治療家に物理学を学んでもらうことで治療や宇宙の理解に役立てていただく目的で開かれた講座でしたが、月に一度、系統立てて自らの研究を振り返り、皆さんにご説明することが、僕にとって考えをまとめていくためにとても有益となりました。

12回の講座が終了した、２０１６年のクリスマスからの2ヶ月間で書き上げた原稿が今こうして一冊の本となり、あなたのお手元に届けることができたことを、僕以上に喜んでくれることと思います。

「宇宙学講座」のすばらしい機会を提供していただけていなかったなら、すべては未だ僕個人の心の中で混沌としていたことでしょう。

ありがとうございました。

保江邦夫 やすえ・くにお

理学博士。1951年岡山市生まれ。

UFOの操縦を夢見る宇宙少年は東北大学で天文学を、京都大学大学院、名古屋大学大学院で理論物理学を学ぶ。その後、ジュネーブ大学理論物理学科で講師、東芝総合研究所研究員を経て、1982年よりノートルダム清心女子大学教授、2017年より同名誉教授。

さらに、キリスト伝来の活人術である冠光寺眞法を主宰、各地の道場にて指導にあたる。

著書は物理学関連書のほか、『置かれた場所で咲いた渡辺和子シスターの生涯』『人間はロボットよりも幸せか?』(前野隆司共著)『ありのままで生きる』(矢作直樹共著/すべてマキノ出版)、『ついに、愛の宇宙方程式が解けました』(徳間書店)、『合気の秘訣』『合気・悟り・癒しへの近道』(すべて海鳴社)、『伯家神道の祝之神事を授かった僕がなぜ』『古神道〈〈神降ろしの秘儀〉〉がレムリアとアトランティスの魂を蘇らせる時』(すべてヒカルランド)など多数。

冠光寺流柔術 東京本部道場　http://kankoujiryu.com/

人生に愛と奇跡をもたらす 神様の覗《のぞ》き穴《あな》

2017年9月23日　第一版　第一刷
2021年12月4日　　　　　第三刷

著　者　保江 邦夫
編　集　有園 智美
発行人　西 宏祐
発行所　株式会社ビオ・マガジン
〒141-0031　東京都品川区西五反田8-11-21
五反田TRビル1F
TEL:03-5436-9204　FAX:03-5436-9209
http://biomagazine.co.jp/

印刷・製本　シナノ印刷株式会社

ISBN978-4-86588-023-6　C0011